희망과 역전의 리더 요셉

희망과 역전의 리더 요셉

지은이 | 김승억

1판 1쇄 발행 2006년 12월 20일
1판 2쇄 발행 2007년 1월 20일

펴낸이 | 김영곤
펴낸곳 | (주)북이십일 21세기북스
책임편집 | 김수연
기획편집 | 이상우, 오원실
편집진행 | 김형석
마케팅영업 | 안경찬, 최창규, 주현욱, 이봉홍, 한경일,
　　　　　　유정희, 정민영, 황인영, 배은하, 정원지, 진윤경
표지디자인 | 김은경
본문디자인 | 미담

등록번호 | 제10호-1965호
등록일자 | 2000. 5. 6

주소 | 경기도 파주시 교하읍 문발리 파주출판문화정보산업단지 518-3(413-756)
전화 | (031)955-2144(기획 · 편집) / (031)955-2100(영업)
팩스 | (031)955-2151
이메일 | book21@book21.co.kr
홈페이지 | http://www.book21.co.kr

값 9,000원
ISBN 978-89-509-1037-2 13230

이 책의 내용 중 일부 또는 전부를 재사용하려면
반드시 (주)북이십일의 동의를 얻어야 합니다.
잘못 만들어진 책은 구입하신 서점에서 교환해 드립니다.

희망과 역전의 리더

김승억 지음

21세기북스

차례

추천사_ 요셉 들여다보기 | 8

프롤로그_ 요셉으로부터 배우는 리더 상像 | 12

1장 이 시대가 요구하는 리더십 어디에서 찾을까?

01_ 리더십에 대한 두 가지 오해 | 21
02_ 사자 한 마리가 이끄는 양의 무리 | 27
03_ To be 리더십 | 31
04_ 우리에게 필요한 리더 | 37
05_ 왜 하필 요셉의 리더십인가? | 41

희망과 역전의
리더
요셉

2장 멘토 요셉 I – 고난과 준비

01_ 원대한 꿈을 품어라 | 47

02_ 단점을 장점으로 승화시켜라 | 53

03_ 과거에 연연하지 마라 | 59

04_ 정직과 도덕성을 겸비하라 | 67

05_ 리스크 관리에 초점을 맞춰라 | 73

06_ 섬김과 배려의 자세를 갖춰라 | 79

07_ 인내하며 기다려라 | 84

08_ 겸손을 몸소 실천하라 | 89

3장 멘토 요셉 Ⅱ – 능력과 성과, 그리고 회복

01_ 본질적인 임무에 충실하라 | 97

02_ 공과 사의 구분을 분명히 하라 | 104

03_ 용의주도함과 여유를 갖춰라 | 109

04_ 용서를 통해 화합을 도모하라 | 124

05_ 탁월한 성과를 내고 복을 나누어주라 | 129

06_ 늘 깨어 있으라 | 136

07_ 비전과 희망을 제시하라 | 140

희망과 역전의
리더
요셉

4장 멘토 요셉 Ⅲ – 역경의 씨앗

01_ 언제나 더 큰 사명이 있음을 기억하라 | 147
02_ 축복은 때론 고난의 모습으로 다가온다 | 151
03_ 내가 겪는 고난은 남을 살리기 위한 씨앗이다 | 158
04_ 포기하지 않는 한 끝은 없다 | 162
05_ 자신에게 주어진 일에 집중, 또 집중하라 | 169
06_ 남을 잘되게 하는 것이 진정한 복이다 | 175
07_ 사랑과 존경을 받는 리더가 되라 | 181

에필로그_ 바로 당신이 요셉이다 | 188

● 추천사

요셉 들여다보기

"**모름지기** 리더십을 갖추고 있어야 성공할 수 있다."

　우리는 이 같은 말을 귀에 못이 박히도록 들으며 살아왔다. 특히 젊은 세대라면 더더욱 그러할 것이다. 그러는 사이 자신도 모르게 조금씩 무디어져 이런 요구를 외면하거나 때로는 마음속에 강박관념으로 자리잡아 오히려 삶의 훼방꾼이 되기도 한다. 그렇다면 좋은 해결책이 어디 없을까?

　세상을 살다간 많은 사람 중에는 우리가 그토록 원하고 갈망하는 리더십의 소유자가 꽤 있다. 그러나 이 책의 주인공 요셉처럼 사후에도 세상에 긍정적인 영향을 제공한 사람은 흔치 않다. 우리가 성경을 통해 알 수 있는, 나아가 짐작해 볼 수 있는 그의 모습은 여느 리더들과는 사뭇 다르다. 요셉은 남다른 예지 능력과 사물을 직관하는 통찰력, 그리고 무엇보다 겸손과 관용을 실천함으로써 많은 사람들의 존경을 한몸에 받는 구루(Guru)가 되었다. 또한 작은 부족 단위에도 못 미치던 이스라엘이 큰 민족으로 성장하는 데 크게 기여했다. 물론 그는 하나님의 약속을 끝까지 믿고 따른 믿음의 용사이기도 하다.

아직도 우리 사회에는 목소리 큰 사람이 그렇지 못한 사람보다 얻을 수 있는 게 많다. 안타깝지만 그것이 현실이다. 또한 내실 있고 알찬 인간의 내면보다는 덜컹거리는 빈 수레, 즉 겉으로 보여지는 모습에 더 많은 호감을 가지며 이런 과대 포장이 심지어 그 사람을 평가하는 기준이 되기도 한다. 전혀 리더십답지 않은 리더십으로 사람들을 현혹하는 사람들도 있다. 사정이 이렇다 보니 누구의 삶에 내 인생의 초점을 맞춰야 하는지 그 선택조차 여간 어려운 일이 아니다.

그에 대한 답은 성경 속 인물, 그 중에서도 요셉의 삶을 찬찬히 들여다보면 쉽게 찾을 수 있다. 이 책을 접한 독자 여러분은 마치 답답했던 마음이 뻥 뚫리는 듯한 기쁨을 누리게 될 것이다. 그런 의미에서 볼 때 독자 여러분은 뜻하지 않은 행운을 발견한 사람이라고 말해 주고 싶다.

  모쪼록 요셉의 삶을 조망한 이 책이 리더십 부재의 시대, 진정한 리더십을 원하는 이 땅의 모든 사람들 마음속에 꺼지지 않는 희망으로 지펴지기를 소망하며 추천사를 갈음한다.

2006년 12월

황은우

● 프롤로그

요셉으로부터 배우는 리더 상像

　　　　　　　　　친구들이 모인 자리에 한 친구가 새 차를 끌고 나와 자랑을 하였다. 부자인 자기 형님이 동생을 위해 차를 사주었다는 것이다. 모두들 그렇게 좋은 형이 있다는 것을 부러워하고 있을 때 한 친구가 조그만 소리로 말했다. "나도 반드시 성공해서 동생에게 차를 사주고 말거야" 그 친구에게는 몸이 불편한 동생이 있었던 것이다.

　위의 이야기를 읽으면서 잔잔한 감동과 함께 그 형과 같은 사람들이 우리 사회의 리더가 되어야 한다고 생각했다. 독실한 크리스천이셨던 선친의 영향인지 모르지만 나는 어릴 적부터 실력은 안

되면서도 리더가 되어야 한다는 부담감을 가지고 자라났다. 선친은 "하나님을 잘 믿는 사람은 머리가 되고, 꼬리가 되지 않는다. 모든 민족들보다 높아져서 세상 모든 사람들에게 복을 나누어주어야 할 것이다" 라고 말씀하시곤 했다.

그 때문에 나는 리더들에 대하여 관심을 갖고, 그들의 삶을 배우려는 열망이 있었다. 하지만 현실적으로 멘토를 삼을만한 훌륭한 리더를 발견하기가 쉽지 않았다.

'우리나라는 유독 리더의 복이 없다'는 세간의 이야기를 증명이라도 하듯, 인격적으로나 실제 행동 면에서 진정으로 존경하고 따를 만한 리더가 흔치 않은 게 현실이다. '훌륭한 리더들은 성경이나 과거의 역사 속에만 존재하는 것인가' 하고 실망하던 차에 지금 출석하는 교회의 담임목사님을 만나게 된 것은 행운이었다.

그는 수차례의 암 수술과 신장 투석 등 각종 질병에도 위축되지 않고 원대한 비전을 추구해 나가며, 온 몸으로 역전의 희망을 선포하는 리더다. 나는 목사님의 말씀을 통해 리더에 대한 잘못된 편견에서 벗어나 주일마다 동기를 부여받게 되었다. '조금 더 빨리 만났다면 더 많이 배울 수 있었을 텐데' 하는 아쉬움 속에서 그저 목사님의 건강이 좋아지기만 기도할 뿐이었다.

그러던 작년 성탄절 예배 설교 중에 아기 예수를 만난 시므온을 주제로 "사명을 다 이루면 죽는 것도 오히려 축복이다"라고 말씀하시는 목사님을 보면서 마음이 아팠다. 건강이 나빠지셨다는 소식을 듣던 차에, 평소 강하게 희망을 선포하시던 모습과 달리 '마음도 약해지신 것은 아닌가' 안타까웠다.

물론 기우라 생각하고 '이삭이 나이 많아 죽음을 의식하여 서둘러 아들들을 축복한 후에도 무려 20년 이상 더 살았다'는 이야기를 떠올리며 위안을 삼기는 했지만….

어쨌거나 이제는 희망을 선포하는 리더들이 우리 사회에 조금 더 많아져야 할 때라는 생각이 든다. 앞서 행렬을 이끌던 기러기가 힘이 떨어지면 다른 기러기가 그 자리를 이어받아 무리를 이끄는 것처럼 말이다.

희망이 사라진 것처럼 느껴질 때, 처음 기대와는 달리 실패와 좌절이 계속해서 반복될 때, 우리는 영화나 소설에서 볼 수 있는 드라마틱한 역전극이 일어나기를 기대한다. 나의 힘이 모자랄 때는 누군가의 기적적인 도움이나, 마음속에 희망을 불러일으키도록 돕는 리더와 만나게 되기를 소망한다.

희망이 없다면 절망이 가득한 세상에서 많은 사람들이 삶을 포기할 것이다. 그런 의미에서 보면 역전의 희망이야말로 인생을 살아가게 하는 원동력이다. 아울러 역전을 가능케 하는 리더가 진정 희망을 주는 리더다.

나는 생명보험업계에서 근무하며 수없이 많은 역전 스토리들을 목격해 왔다. 수년간 최 하위권을 맴돌던 컨설턴트가 어느 해 돌연히 챔피언이 되는 것을 보았고, 남들이 보기에 전혀 불가능할 것 같은 열악한 조건을 딛고 일어서 크게 성공하는 모습도 보았다.

그런 부류의 사람들에겐 어떤 환경에서도 끝까지 포기하지 않고 역전을 꿈꾸며 살아간다는 공통점이 있다. 그 동기는 사람마다 다르고, 성격이나 자질 또한 차이가 있지만 자신의 성공을 믿고 실패를 통해 배우며, 지속적으로 삶을 업그레이드하는 모습은 공통적인 특징이다. 또한 그들 대부분은 좌절의 순간에 희망을 주는 리더로부터 도움과 영감을 받은 경험이 있다. 그렇기 때문에 그들은 자신만의 성공에 안주하지 않고 곤경에 처한 다른 이들을 살리며 함께 성공하도록 도움을 준다.

사실 복을 받고 성공하기 위해 태어난 존재들이 바로 인간이다. 우리가 '당신은 사랑 받기 위해 태어난 사람'이라는 노래를 즐겨 부르는 것처럼 성경에는 "하나님께서 사람을 만드신 후에 그들에게 복을 주고 성공하도록 명령하셨다"라고 기록되어 있다.

그렇다. 성공은 전혀 놀랍거나 이상한 일이 아니다. 또 복을 누리며 사는 것이 특별한 것은 아니다. 오히려 실패하고 좌절하며 복을 누리지 못하는 것이 이상한 일이다.

아침은 캄캄한 밤이 지난 후에 오며, 봄은 추운 겨울이 지나야 오듯 성공도 실패와 좌절이라는 고통의 시간을 통과한 후에 온다는 평범한 진리를 기억해야 할 것이다.

평소에 이론적으로는 알고 있지만 막상 실패와 좌절이 닥쳐올 때는 자신만 예외인 것처럼, 마치 그것이 마지막인 것처럼 느끼고 쉽게 포기하는 사람이 많다. 사실은 바로 그때가 희망의 리더와 역전의 리더십이 필요한 시기이다. 어떻게 그런 리더십을 키워나갈 수 있을까?

이 같은 물음에 역사상 최고의 역전극을 연출해 보인 성경 속 인물 요셉의 삶이 하나의 이정표가 될 수 있으리라고 본다. 요셉의 인생을 살펴봄으로써 리더십에 관한 이야기를 독자 여러분과 함께 나누고자 한다. 요셉은 꼭 기독교인이 아니더라도 누구나 한번쯤은 들어보았을 만큼 꿈과 비전을 대표하는 인물이다. 요셉에 대해 간단히 설명하자면 이렇다.

요셉은 이복형제들의 미움을 받아 어린 나이에 이집트의 노예로 팔려가게 된다. 무고한 누명을 쓰고 감옥에까지 갇혔으나, 끝내 좌절하지 않고 성실하게 생활하다가 파라오의 꿈을 풀이함으로써 일약 강대국인 이집트의 총리직까지 오른 인물이다.

그는 7년 동안 진행된 대기근 속에서 이집트와 주변국들을 구한 세계적인 영웅이며, 이집트의 토지제도를 왕의 소유제로 바꾼 탁월한 행정가이기도 하다. 또한 자신을 팔아버린 형들을 용서하고, 그들의 자손까지 부양하여 화해와 관용의 대명사가 된 주인공이기도 하다.

그는 눈을 감으면서 400년 후에 있을 이스라엘 민족의 이집트 탈출을 예언 한 바 있다. 이런 과정을 통하여 이스라엘 민족이 노예 생활 중에도 희망과 비전을 잃지 않도록 꿈을 심어준 것이다.

필자는 히브리의 한 평범한 소년이 자신에게 닥친 역경을 극복한 과정을 통하여, 어떻게 꿈과 비전을 주는 역전의 용사가 되었는지 살펴보고자 한다. 더불어 독자 여러분도 어떤 상황과 역경 속에서도 다시 일어 설 수 있다는 희망을 품어보기 바란다.

2006년 12월
김승억

1

이 시대가 요구하는 리더십
어디에서 찾을까?

01
리더십에 대한 두 가지 오해

 사람들은 리더십에 대하여 두 가지 커다란 오해를 가지고 있는 것 같다. 그 중 하나는 '리더란 특별하게 태어난 사람들의 몫이라 나와 같은 일반인은 리더감이 아니다'라는 생각이다. 자신은 태어날 때부터 특별한 자질도 없고 현재 리더의 위치에 있지도 않기 때문에 리더십과는 거리가 멀다고 생각하는 것이다. 실제로 리더의 자리는 소수만이 오를 수 있는 게 현실이다.
 그렇기 때문일까? 대부분의 사람들은 리더십에 대한 관심조차 없는 듯싶다. 특별한 야심이 있어 리더가 되기를 꿈꾸는 소수의 사람만이 자신의 장래에 대비해 리더십을 연구한다. 또는 이제 막 리더의 직위에 임명 받은 사람들만이 리더십에 관심을 갖는 현실이다.

그러나 이 같은 모습은 리더십에 대한 이해가 부족해서 비롯된 결과라고 할 수 있다. 실질적인 의미의 리더십이란 공식적인 직위나 위치가 아니라 '다른 사람에 대한 영향력'을 의미한다. 예컨대 비록 현재의 직위가 말단사원 일지라도 그 사람의 아이디어와 기안에 의해서 결정이 이루어지고 시행된다면, 그가 조직의 실질적인 리더일 수 있는 것이다. 이처럼 평소에 영향력을 많이 끼친 말단사원이 승진하여 공식적인 리더가 되는 것은 당연한 일이다.

어느 정도 자리에 오른 다음에야 리더로서의 자질을 갖추려고 노력하는 사람들을 보게 된다. 하지만 그렇게 원하던 최고의 자리에 올라보지도 못하고 사라지는 유능한 젊은이들이 많은 현실이 안타깝다.

누구나 막연한 주전선수의 꿈을 가지고 있다. 주전선수는 평소의 연습경기에서 더 많이 노력한 후보 중에서 선발된다는 사실을 기억하기 바란다. 예컨대 기업에서 성공한 사람들은 말단사원 시절부터 사장처럼 생각하고, 보다 상위 직급의 입장에서 일을 했다는 공통점을 보인다.

우리 모두는 크든 작든 간에 다른 사람들에게 영향을 미치는 실질적인 리더들이다. 리더십도 하나의 기술이라고 전제할 때, 그것을 배우고 연구하며 실행하는 과정에서 성장할 수 있는 것이다. 우리 모두에겐 훌륭한 리더의 자질과 사명을 갖고 있다는 사실을 명심하라. 그리고 자신이 처한 위치에서 가질 수 있는 리더십을 최대한 발휘해야 한다.

　리더십과 관련한 또 하나의 오해는 '리더는 강력한 카리스마를 가지고 있어야 한다'는 것이다. 언제나 리더에게는 거역할 수 없는 권위와 신비한 마력이 있어 사람들이 따를 수 밖에 없다고 생각하는 것이다.
　이에 따라 조용하고 부드러운 사람들은 리더로서의 자질이 떨어지고, 남성답고 강한 사람이 적합하다는 편견에 빠지기 쉽다. 이런 생각은 '시대에 따라 리더의 조건도 변한다'는 매우 평범한 진리를 간과하는 것이다.
　시대적인 환경과 상황 그리고 사람들의 수준이 달라짐에 따라 리더십도 변해야 한다. 지나간 과거는 그야말로 과거일 뿐 현대에는 빠르게 변하는 시대적 요구에 부응하는 리더가 필요하다.
　현대 경영학의 아버지라 불리는 피터 드러커(Peter F. Drucker) 교수가 '리더십에 카리스마는 필요 없다'고 주장한 것은 이 같은 시대적 흐름을 반영한 것이라고 볼 수 있다.

우리는 어릴 적부터 리더라고 하면 자연스럽게 이순신, 한니발, 나폴레옹이나 알렉산더, 시저, 링컨 등의 통치자를 생각하며 자랐다. 그들의 남다른 노력이나 초인적인 자질, 그리고 카리스마를 부러워함과 동시에 특별한 사람일거라고 생각하며 성장한 것이다. 그 결과 우리도 모르는 사이에 '리더십 = 특별한 카리스마'라는 등식이 성립 되었는지도 모른다. 그러나 조금만 더 깊이 생각해 보자.

과거의 리더들은 카리스마가 요구되는 시대적 상황에 부응했을 뿐이다. 1800년대 후반 이전까지의 리더십이란 기껏해야 대규모 상설 조직을 지휘하는, 즉 군대를 통솔하는 것이 전부였다. 우리가 위인전을 통해 접하는 장군이나 통치자들에겐 '군대식 리더십'인 명령과 통제 중심의 강력한 카리스마가 필요했던 것이다.

그 시대에 리더들이 이끌어야 했던 군사들의 수준은 사명감을 가지고 자율적으로 전쟁에 임할 만큼 우수한 인력은 아니었다. 그들 대부분은 억지로 징집되어 전장에 끌려오거나 용병으로 고용된 교육 수준이 낮은 인력이었다. 그런 사람들을 이끌고 전쟁에서 승리하기 위해서는 강력한 카리스마가 요구되었을 것이고, 그런 자질을 갖춘 사람들이 자연스럽게 필요했던 것이다.

근대 서양에서 유행되었던 '관리형 리더십'도 같은 맥락으로 이해할 수 있다. 산업 사회가 시작되면서 많은 공장이 들어서고, 대량 생산을 통한 자본이 축적되었다. 오랜 빈곤에서 벗어나 잘 살아보기 위한 노력이 시작되면서 시대의 관심은 '어떻게 해야 생산성을 올릴 수 있을까?'에 집중된다.

20세기 초 프레드릭 테일러(Fredrick W. Tayler)에 의해 '과학적 관리론'이 제시되고, 시간과 동작 연구가 실시되었다. 이는 공정 개선과 효율 증대가 최대의 관심사로 부각됨에 따라 조금 더 치밀한 '관리형 리더십'이 요구되었기 때문이다.

그 시대의 공장 근로자들 역시 대부분 생계를 위해 육체노동을 해야 하는, 즉 교육 수준이 낮은 민중들이었다. 그들 또한 개인적인 비전이나 꿈에 따라 자율적으로 행동하기보다는 생존 욕구의 충족이 시급한 계층이었다.

따라서 당시 상황에서는 각 사람의 개성이나 꿈, 자율과 창의성보다는 일사불란한 행동 매뉴얼이나 치밀한 생산성 관리 등이 우선시될 수밖에 없었다.

그러나 지금은 시대가 달라졌다. 경제 상황과 교육 수준이 높아짐에 따라 자기실현의 욕구를 느끼게 되었다. 더불어 인터넷 발달에 따른 정보의 신속한 교류를 통해 사람들은 점차 삶의 의미와 가치를 중요하게 생각하게 된 것이다.

뿐만 아니라 단순 육체노동자보다는 지식근로자 계층이 늘어남에 따라 더 이상 의미도 모른 채 생계만을 위해 일하는 사람들도 점점 줄고 있는 추세다.

현대의 근로자들은 전체적인 일사불란함보다는 저마다의 개성을 추구한다. 아울러 사명감과 재미를 느낄 때에 자발적으로 더욱 열심히 일하는 경향을 보인다. 이와 같은 시대 환경에서는 리더의 강력한 카리스마가 오히려 반발을 불러일으키는 장애가 될 수도 있다.

나는 케이블 TV를 통해 유명 목사님들의 설교방송을 보면서 "왜 일부 목사들은 아직도 설교시 특유의 쇳소리(?)를 내고 있는가" 의아하게 생각하곤 한다. 옛날처럼 마이크가 발달하지 못한 시절에는 많은 청중에게 자신의 설교를 전하기 위해 부득이 큰소리가 필요했을 것이다. 하지만 지금처럼 음향 시설이 발달한 시대에도 웅변조의 설교를 하는 것은 오히려 시대 변화에 적응하지 못하는 것이 아닐까? 힘들이지 않으면서 부드러운 대화조로 설교하는 목사님들의 모습이 정겹게 느껴지는 것은 시대가 변했기 때문이다.

최근 유행하는 '섬김의 리더십'이나 '따뜻한 카리스마'라는 말 등은 모두 시대의 변화를 반영하는 리더십 개념이다. 리더십에 대한 진실은 '누구나 사명감과 의지만 있으면 타고 난 카리스마가 없더라도 훌륭한 리더가 될 수 있다'는 점이다.

02
사자 한 마리가 이끄는 양의 무리

삼성그룹 이건희 회장의 말은 자못 흥미롭다. 그가 강조한 얘기를 소개하면 이렇다.

"천재 한 명이 만 명을 먹여 살린다. 국적을 불문하고 핵심 인재를 스카우트하라!"

천재나 핵심 인재라는 말 대신 탁월한 리더라고 이야기해도 큰 무리가 없을 것이다. 왜냐하면 그런 사람들이 변화를 주도하고, 기업의 문화와 운명을 바꾸어나가는 핵심 브레인이기 때문이다.

스포츠만 해도 그렇다. 마이클 조던이라는 걸출한 스타(리더) 한 사람으로 인해 프로농구 마케팅 시장이 얼마나 커졌는지 잘 알 것이다. 세계의 모든 어린이들이 그를 흉내 내며 농구선수의 꿈을 키우고, 스포츠 용품업체들도 앞 다투어 마케팅에 조던을 적극 활용했다. 행크 아론, 이승엽 등이 대표하는 프로야구 시장은 물론 타이거 우즈, 박세리, 미셸 위 등의 골프 시장과 호나우도, 베컴, 박지성 등의 프로축구 시장 또한 걸출한 스타의 탄생에 따라 종목의 흥망이 좌우된다.

연예계에도 욘사마 등의 한류 스타들을 통해 일본과 아시아에 거대한 연예 마케팅 시장이 형성되었다. 일부 연예인들은 걸어다니는 일인 기업이라고 불리며 웬만한 중소기업 이상의 수익을 내고 있다. 수만 명이 그것을 통해 생활을 영위하고 있는 현실이다. 기업체는 어떠한가?

삼성이나 LG 등의 대기업들은 국가의 위상을 높임은 물론 엄청난 국부를 창출하고 있다. 또한 대기업들의 발전과 함께 수많은 중소기업체들도 성장한다. 이들의 위력은 한 경제학자의 예로도 표현된다.

"우리나라의 경제 성장치를 이야기할 때 삼성전자를 제외할 시와 포함할 시로 구분하기도 한다."

일전에 유수의 컨설팅 회사에서 변화관리를 받으며 의미심장한 이야기를 들은 기억이 난다. "Change management의 성공 비결은 문자 그대로 Change management입니다." 이를 다시 말하면

회사의 관리 방식을 변화시키는 가장 좋은 방법은, 관리자(리더)들을 교체하는 것이다.

어느 조직을 막론하고 문제가 있거나 실적이 부진하면 리더를 먼저 교체한다. 이는 훌륭한 리더의 배출이야말로 조직이나 국가 부흥의 필수 조건이라는 것을 설명해 주고 있다.

그동안 보험회사에 근무하며 많은 조직을 보았다. 그런데 한 조직의 문화와 분위기 그리고 성과는 리더의 성격과 놀랄 정도로 유사하다.

리더가 유능하고 밝으면 그 조직의 성과 또한 훌륭하다. 반면에 리더가 고지식하거나 어두우면 그 조직의 분위기 역시 답답하고 대부분 부진한 성과를 보이고 만다.

여러 가지 위기로 어려운 상황에 처한 조직일지라도 한 명의 유능한 리더를 만나면 최고의 조직으로 변화되기 쉽다. 반면 아무리 좋은 조직이라도 무능한 리더 때문에 그동안의 성과가 물거품이 되는 것은 물론이고 조직 자체가 흔들리는 경우도 많다.

그렇기 때문에 보험업계에서는 '리더는 조직의 성공에 90% 이상의 영향을 미친다'고 이야기한다. 이것은 비단 보험업계에만 해당하는 말은 아닐 것이다.

유명한 전쟁학자 클라우제비츠(Karl von Clausewitz)는 '양 한 마리가 이끄는 사자 100마리의 군대와, 사자 한 마리가 이끄는 100

마리 양의 군대가 싸우면 어느 쪽이 이길 것인가?'라는 명제를 던졌다. 그리고 '사자 한 마리가 이끄는 100마리 양의 군대가 이긴다'는 주장을 내세웠다. 이는 리더의 역량에 따라 조직원들의 능력이 극대화되고 팀워크가 강화되는 시너지 효과 때문일 것이다.

반대로 아무리 유능한 조직원들이 모여 있더라도 훌륭한 지도자를 만나지 못하면 각각의 재능이 발휘되지 못하고 팀워크 형성에도 어려움이 생겨 오합지졸에 머무는 결과가 생길 수 있다.

임진왜란 당시 몇 척 안 되는 배를 가지고 연승하여 세계 해전사상 깨지지 않는 신화를 남긴 이순신 장군이 있다. 또한 2002년 한일 월드컵에서 4강의 기적을 일으킨 히딩크 감독을 보면 리더의 역할이 얼마나 중요한지 알 수 있다.

개개인이 얼마나 훌륭한 리더로 성장하느냐의 여부에 국가와 민족의 미래가 달려 있다. 숨겨져 있는 미래의 리더 후보들을 적극적으로 발굴하고, 자기 안에 숨겨져 있는 자질을 계발해 나갈 때에 비로소 우리 민족의 미래는 밝아질 것이다.

지금 우리 시대는 탁월한 리더를 그 어느 때보다 갈망한다. 아니 그 이전부터 탁월한 리더의 출현을 기다려 왔다. 이는 모든 인류가 메시아(messiah)를 기대했던 것만큼이나 오래된 공통적인 소망일 것이다.

03
To be 리더십

보험회사에서 리더들을 교육하다 보면 종종 이런 질문을 듣는다.

"어떻게 하면 훌륭한 리더가 될 수 있죠?"

실제로 보험회사에서는 앞서 성공한 선배들의 검증된 행동을 배우는 것으로 리더 양성교육을 한다. 시중에 나와 있는 리더십 관련 책들을 보더라도 리더십의 기술에 관한 내용이 주를 이룬다.

온갖 종류의 리더십 이론과 전문가들이 성공 사례를 체계적으로 정리한 내용들을 읽다 보면 '이토록 친절하고 자세하게 리더십에 대해 이야기하고 있는데, 왜 현실적으로는 훌륭한 리더가 많지 않을까? 리더십에 관한 지식이나 기술이 정말로 좋은 리더를 만들어내는 데 도움이 될까?' 하는 의문을 갖게 된다.

왜 어떤 리더들은 틀린 행동을 하는 것 같은데 성공하고 또 어떤 리더들은 옳은 행동을 하는 것 같은데도 실패할까? 또는 두 사람이 비슷한 행동을 하는 것 같은데 왜 결과는 정반대로 나타나는 걸까? 나는 이 같은 의문을 가지고 많은 리더들을 관찰해 왔다.

그 결과 리더십은 관리 기술이나 행동보다는 자체의 인격, 즉 조직원들에게 투영되는 상사의 모습에 따라 좌우된다는 사실을 알았다. 이는 리더가 어떤 행동을 하는가(To do)보다는 그가 어떤 사람인가(To be)에 더 좌우된다는 의미다.

결국 훌륭한 리더가 되기 위해서는 다른 사람들의 행동에 영향을 주는 구체적인 'To do 리더십'을 개발하는 것도 중요하지만, 그보다 먼저 자신의 인격과 품성을 다듬는 'To be 리더십'을 개발하는 것이 더욱 중요하다. 자기 자신조차 제대로 컨트롤 하지 못하는 사람이 다른 이를 이끌려는 것은 말도 안 된다.

자신을 리드하고 개발하는 'To be 리더십'을 다른 말로 하면 '셀프 리더십' 정도로 바꿀 수 있겠다. 그렇다고 해서 'To do 리더십'에 관한 기술이나 행동의 중요성을 부정하는 것은 결코 아니다.

우리가 성공한 사람들의 리더십을 벤치마킹 할 때 가장 범하기 쉬운 실수가 있다. 그의 셀프 리더십을 고려하지 않은 채 겉으로 드러난 행동만 따르는 것이다. 그의 리더십 수준이나 평판 그리고 조직의 상황 등은 고려하지 않고 마치 그 사람의 행동 자체가 마법의 주문이나 되는 것처럼 따라하다가는 낭패를 보기 십상이다. 실제로 주변에서 그런 사람을 맹목적으로 따랐다가 곤경에 처한 사람을 종종 만나기도 한다.

그런 사례에 대한 좋은 비유가 "당나귀의 벤치마킹 이야기"일 것이다.

당나귀는 아침 일찍 일어나 고된 일을 시작하여 늦은 밤까지 초주검이 되도록 일만 하며 살았다. 말라빠진 홍당무가 전부인 열악한 환경과 주인의 호된 몽둥이 속에서 당나귀는 점점 지쳐가고 있었다.

자신은 항상 최선을 다했지만, 끝내 주인에게 칭찬과 격려는 들을 수 없었다. 너무나도 지쳐버린 당나귀는 성공적인 삶을 영위하고 있는 강아지의 삶을 벤치마킹 하도록 결정한다.

무엇 때문인지 주인의 전폭적인 지지를 받고 있는 강아지는, 자신과 달리 안락한 사람의 침실에서 잠이 들었다. 항상 주인의 품에 안겨서 최상급의 맛있는 음식을 넘치도록 공급받았다. 더구나 자신은 비가 오나 눈이 오나 쉴 사이 없이 일하고 있는 시간에도 강아지는 늘어지도록 낮잠을 잤다. 이 얼마나 환상적인 모습인가! 강아지처럼 될 수만 있다면 일생일대의 역전극을 성공하는 것이다. 생각 끝에 당나귀는 강아지가 주인의 사랑을 받는 이유를 한 가지씩 추적하기 시작했다. 이 벤치마킹 프로젝트가 자신의 인생을 바꿀 수 있는 유일한 기회였기에 한 치의 오차나 실수도 용납되지 않았다.

그러나 아무리 관찰하고 조사해 보아도 강아지가 그렇게 사랑받을 만한 이유를 좀체 발견할 수 없었다. 강아지는 특별한 일도 하지 않았고, 일찍 일어나지도 않았으며, 매일 낮잠이나 자다가 빈둥빈둥 노는 것이 일상의 전부였다.

"그럴 리가 없어. 내가 뭔가 찾아내지 못한 다른 이유가 있을 거야. 그렇지 않다면 주인님은 너무 불공평한 사람이 되는 거잖아. 암. 그럴 리가 없지. 분명 내가 모르는 비밀이 있을 거야. 지금보다 열심히 강아지만의 특별한 행동을 찾아봐야겠어."

오랜 시간을 관찰한 결과 드디어 당나귀는 강아지의 결정적인 행동을 발견하게 되었다. 그것은 주인이 집으로 들어오면 강아지가 제일 먼저 뛰어나가 꼬리를 흔들며 품에 안기는 모습이었다. 그때마다 주인은 '아이고, 귀여운 내 새끼' 하며 입을 맞추며 볼을 비비곤 했다. 당나귀는 희열을 느꼈다.

"이제 나의 고통은 끝났어! 찬란한 성공의 시대가 시작될 거야. 이토록 힘든 노동과 열악한 환경에서 벗어나 주인의 사랑을 듬뿍 받으며, 따뜻한 집에서 호의호식할 수 있게 되리라."

당나귀는 손꼽아 주인이 집에 돌아오기만을 기다렸다. 이윽고 주인이 돌아오는 순간 당나귀는 최선을 다해 꼬리를 흔들며 주인의 품에 펄쩍 뛰어들었다. 그 후의 결과는 굳이 말하지 않아도 쉽게 상상할 수 있을 것이다. 무엇이 잘못된 것일까? 애석하게도 당나귀는 강아지가 아니었던 것이다.

이 비유처럼 리더십도 '무엇을 하는가'보다는 '어떤 사람이 되는가'가 더욱 중요하다. 나는 성경에서 요셉의 기록들을 살펴보았다. 그리고 요셉이란 인물이 훌륭한 리더가 되기 위해 특별하게 한 일이 없다는 사실을 발견하고 크게 놀랐다. 오히려 요셉은 남들의 반감을 살 만한 행동을 골라했던 것이다.

실제로 요셉의 고난은 형들에게 미움 받을 행동을 한 것으로부터 시작된다. 이집트 감옥에 갇히게 된 이유도 당시의 윤리 규범을 따르지 않은 고지식함 때문이었다. 그럼에도 불구하고 요셉은 대제국 이집트의 총리가 되어 오랜 기간 영향력을 행사한다.

'부잣집에는 금과 은, 나무와 질 등으로 만든 많은 그릇이 있다. 그러나 결국은 깨끗한 그릇만 음식을 담는 데 사용된다'는 말이나 '그릇이 큰 사람, 도량이 넓은 사람이 되라'는 선인의 교훈은 셀프 리더십의 중요성을 잘 보여주는 표현이라 하겠다.

04
우리에게 필요한 리더

학자에 따라서는 직위에 의한 영향력(Position Power)과 인품 및 실력에 의한 영향력(Personal Power)으로 리더를 구분하기도 한다. 현재 우리 사회의 리더들은 직위에 의한 영향력은 넘치지만 인품과 실력에 의한 영향력은 부족해 보인다. 다시말해서 마음으로 따르고 존경할만한 리더가 드물다는 것이다.

성경 속의 리더들을 살펴보면 놀라울 만큼 공통점을 발견하게 된다. 그들 모두가 평범한 사람에서 출발하여 소명에 의해 리더가 되었으며, 다른 사람들을 위해 희생하며 봉사하는 셀프 리더십의 소유자라는 점이다.

그들이 보여준 리더십은 우리가 흔히 생각하는 카리스마와는 거리가 멀었으며, 큰일을 하기보다는 의미 있는 일을 실천하고자 힘쓴 사람들이다. 그들이 개인적인 이익을 위해서 리더의 직위를 이용할 때마다 하나님의 질책이 뒤따른 반면, 국가와 조직을 위해 자신을 희생할 때에는 오히려 큰 성공을 이끌어냈다. 바로 이 점이 우리들의 일반적인 모습과 다른 것이다.

대표적인 성경 속의 셀프 리더십을 살펴보기로 하자. 믿음의 조상 아브라함은 양보할 줄 아는 리더였다. 연장자로서 좋은 땅을 선택할 우선권이 있음에도 불구하고 조카 롯에게 "네가 먼저 선택하라. 네가 왼쪽으로 가면 나는 오른 쪽으로 가고, 네가 오른 쪽으로 가면 나는 왼쪽으로 가겠다"라고 선택권을 양보한 리더였다.

모세는 온유한 리더였다. "땅 위에서 모세보다 더 온유한 사람은 없다"라고 인정받은 리더였다. 그는 끊임없이 자신을 비난하며 불평하는 이스라엘 민족을 이끌면서도 민족을 자기 목숨보다 더 사랑한 사람이었다.

모세가 시내산에서 십계명을 받고 내려왔을 때 이스라엘 백성들은 기다리지 못하고 금송아지를 만들어 예배하고 있었다. 하나님께서 이스라엘 백성들에게 노하여 저들을 다 멸망시키고, 모세를 통해서 새로운 민족을 만들겠다고 말씀하셨다. 그러자 모세는 다음과 같이 애원한다.

"그들의 죄를 용서해 주십시오. 용서해 주지 않으신다면 부디 주께서 기록하신 책에서 내 이름을 지워버리십시오."

모세는 큰 민족의 조상이 될 기회를 마다하고, 자신의 목숨을 버려서라도 이스라엘 백성들을 살리고 싶어했던 리더다.

성군으로 추앙받는 다윗은 관용의 리더였다. 그는 어릴 적에 골리앗을 죽이고 민족적 영웅이 되었다는 이유로 왕의 질투를 받아 오랫동안 도피 생활을 했다. 그는 왕의 추격을 받던 중에 두 번이나 그를 죽일 기회가 있었으나, 하나님의 때를 기다리며 죽이지 않고 살려보낸 관용의 리더였다.

포로로 잡혀가 페르시아의 총리가 된 다니엘은 결단과 신념의 리더였다. 그는 어린 나이에 왕이 먹는 특별한 음식과 왕이 마시는 포도주로 자신을 더럽히지 않겠다고 결단한다. 우상에게 제사한 부정한 음식들이기 때문이었다.

또한 그가 총리가 되어서는 정적들이 죽음의 함정을 파놓은 사실을 알면서도 늘 하던 대로 예루살렘을 향해 무릎 꿇고 하나님께 기도하며 감사를 올릴 만큼 신념이 있는 리더였다.

여성리더 에스더는 자기 희생의 리더였다. 그는 페르시아 왕비의 신분이었으나 민족이 위기를 당하자 3일을 금식한 후 "제가 죽게 되면 죽겠습니다"라며 용감하게 왕 앞으로 나간 자기 희생의 리더였다.

파괴된 예루살렘 성을 개축한 느헤미야는 솔선수범과 충성의 리더였다. 느헤미야는 페르시아 왕의 술을 따르는 관원으로서의 안락한 직위를 버리고 황폐된 예루살렘의 총독을 자원했다. 고생하는 동족들의 모습이 눈에 밟혔던 것이다. 그는 예루살렘 성을 개축하는 과정에서 자신의 급여도 받지 않고, 오히려 많은 재산을 자진 헌납하여 공사를 완성시킬 만큼 충성스런 리더였다.

전도자 바울은 헌신의 리더였다. 그는 소명을 받아 이방인들에게 복음을 전할 때 자신의 목숨을 조금도 귀하게 여기지 않았으며 "이전에 귀하게 생각하던 모든 것들을 배설물로 여긴다"고 표현할 정도로 헌신적인 리더였다.

이런 리더들의 덕목인 양보, 온유, 관용, 결단과 신념, 자기 희생, 솔선수범과 충성, 헌신과 같은 것들은 우리가 흔히 생각하는 리더의 덕목들과 차원이 다르지 않은가?

그 외에도 성경 속에는 많은 리더들이 있다. 그들의 공통점은 자신을 희생하여 국가와 조직을 살리는 데 모범을 보였다는 것이다. 오늘날 우리에게 필요한 리더들도 이런 모습을 갖춘 사람들이 아닐까?

05
왜 하필 요셉의 리더십인가?

많고 많은 리더들 가운데 요셉을 소개하려는 특별한 이유가 있다. 요셉은 지금까지 우리가 생각해 온 것과는 전혀 다른 개념의 리더십 소유자다.

요셉은 강력한 카리스마나 치밀한 경력개발 계획도 갖지 못한 사람이었다. 출신 성분이나 가정환경도 성공하기 위한 조건들과는 거리가 멀었으며, 성공 과정도 평탄하지 못했다.

그는 누가 보더라도 실패하고 좌절할 수밖에 없는 그야말로 험난한 과정을 몸소 겪은 사람이다. 그는 계산적이거나 성공 지향적인 사람도 아니었다. 그럼에도 불구하고 끝까지 희망을 잃지 않고 성실하게 생활한 결과 드라마틱한 큰 성공을 이루었다. 강조하건 대 요셉이야말로 희망과 역전의 리더라는 수식어가 잘 어울리는 인물이다.

〈창세기〉의 50장 가운데 4분의 1이 넘는 13개장에 걸쳐 요셉의 생애에 대한 기록이 나와 있을 만큼 그는 중요한 인물이다. 요셉은 불과 몇 십 명 단위로 떠돌아다니던 야곱 가족을 이집트로 초청함으로써 몇 백만의 큰 이스라엘 민족을 이루는 데 기반을 마련하였다. 이스라엘 민족 탄생의 일등 공신인 것이다.

또한 그는 '죄 없이 고난을 받았으나 하나님께서 높여주셨고 원수에게 복수할 능력이 있었으나, 사랑으로 용서해 준 예수 그리스도의 모형'으로 인정받고 있다.

이쯤 되면 수세기에 걸쳐 많은 책과 영화, 그리고 뮤지컬의 주인공으로 요셉이 등장하여 꿈과 희망, 역전을 이야기하는 이유를 이해할 수 있을 것이다.

요셉이 파라오의 꿈을 풀이해 줌으로써 이집트의 총리가 된 것은 깜짝 쇼의 성격을 지닌 것이 사실이다. 하지만, 그는 잠시 왔다가 사라져버린 다른 반짝 스타와는 차원이 다른 존재다. 최소 14년 이상 이집트의 총리로 재직하며 7년 동안 지속된 대기근의 위기를 슬기롭게 극복한 주인공이다.

그의 아버지 야곱의 장례식에는 파라오의 모든 신하와 이집트의 원로, 그리고 많은 전차와 기병이 매장지인 가나안 지역까지 함께 이동해 7일 동안 통곡했다. 사람들이 그 지역 이름을 '이집트 사람들의 큰 통곡'이라고 바꾸어 부를 정도로 영향력이 막강한 리더였다.

또한 〈출애굽기〉 1장에는 "요셉을 알지 못하는 새 왕이 일어나서 이집트를 다스리더니"라고 기록함으로써 요셉의 명성과 영향력이 왕조가 끝날 때까지 지속되었음을 간접적으로 전달해 주고 있다.

그러나 이 모든 것보다 더 중요한 사실이 있다. 요셉은 타고난 리더가 아니라 만들어진 리더라는 사실이다. 요셉이 만들어진 리더라는 사실을 믿는다면 우리도 요셉처럼 위기에 처한 민족을 살리고, 실의에 빠진 사람에게 꿈과 희망을 전해주는 역전의 리더가 될 수 있다.

그 가능성에 대해서는 스스로 고민해 볼 몫이다.

2

멘토 요셉 Ⅰ
―고난과 준비

01
원대한 꿈을 품어라

요셉의 첫 번째 성공 비결은 그가 꾼 많은 꿈 중에서, 유독 긍정적인 것만 믿었다는 사실이다.

〈창세기〉 37장에는 "요셉이 어느 날 부모와 형들을 상징하는 해와 달과 열한 별이 자기에게 절하는 꿈을 꾸고, 그것을 이야기함으로써 아버지의 꾸짖음과 형제들의 미움을 샀다"라고 기록되어 있다. 형제들에게 들려준 이야기는 이렇다.

"얼마 전 제가 꿈을 꾸었습니다. 우리 밭 가운데서 곡식 단을 묶고 있는데, 제가 묶은 단이 일어나 똑바로 섰습니다. 그러자 웬일인지 형님들이 묶어 놓은 단이 제 단을 둘러싸서는 절을 하였습니다."

심기가 불편해진 형들은 요셉에게 말했다.

"네가 정말 우리의 왕이 되며, 네가 정말 우리를 다스리겠다는 것이냐?"

형들은 요셉의 꿈과 그의 말 때문에 더욱더 미워하기 시작했다.

하지만 또다시 꿈을 꾼 요셉은 형들에게 달려가 말했다.

"보십시오. 또 꿈을 꾸었는데 해와 달과 11개의 별이 제게 절을 했습니다."

요셉은 형들뿐 아니라 아버지 야곱에게도 이 이야기를 했다. 그러자 이번에는 야곱이 요셉을 꾸짖으며 말했다.

"무슨 그런 꿈을 꾸었느냐? 그러면 우리 가족 모두가 땅에 엎드려 네게 절하게 된다는 말이냐?"

형제들은 요셉을 많이 질투했다. 하지만 아버지 야곱은 요셉이 한 말을 마음에 담아두었다.

요셉이 매번 좋은 꿈만 꾸지는 않았을 것이다. 나쁜 것과 더불어 슬프고 무서운 꿈도 있었을 것이다. 어쩌면 아버지와 형제들에게 들려준 이야기는 평생 단 한 번 꾼 꿈이었는지도 모른다. 누구나 요셉과 비슷한 경험들이 있었기에 그의 말을 개꿈으로 치부하며 화를 내고 미워하게 된 것이리라.

그러나 요셉의 위대한 점은 이 꿈을 허황된 것으로 생각하지 않았다는 데 있다. 즉 자신의 꿈을 하나님이 장차 이루실 계시로 믿은 것이다. 그는 힘들고 비참한 일들이 놓여있어도 언젠가는 해와 달과 별들이 자신에게 절하는 날이 오리라는 믿음을 버리지 않았다.

그렇기에 어려움이 닥치더라도 좌절하지 않고 자신을 다듬어 갔다. 만약 그와 같은 믿음이 없었다면 고난이 닥쳤을 때 삶을 포기하거나, 적당히 타협하고 안주하며 살았을지도 모를 일이다. 그의 삶이 대단한 것은 남들이 비웃으며 인정하지 않은 혹은 허황된 꿈이라며 무시한 것을, 하나님의 계시로 믿고 마음에 품었다는 점이다.

성공한 보험인들의 모임인 MDRT(100만 달러 원탁회의) 회원들의 명언 중에 "당신은 반드시 성공할 수 있다고 생각 할 수도 있고, 정반대로 생각할 수도 있다. 그 어느 쪽으로 생각하든지 당신의 판단이 옳다"라는 말이 있다. 이는 자신이 믿는 대로 된다는 이야기다. '믿는 만큼 이루어 진다'는 말도 있지 않은가….

보험인으로 성공한 사람 중에는, 정말 성공하기 힘든 악조건을 갖추고 있는 이들도 많았다. 그들의 공통점은 주위에서 뭐라 하든 자신만은 성공할 수 있다고 생각하는 사람들이었다.

이와 상반되게 타인보다 유리한 자질과 환경에서도 스스로의 성공을 믿지 못하여 중도에 포기하는 사람들이 많다.

객관적으로 어려운 상황에서도 기필코 성공하리라는 믿음을 갖는 습관과 태도를 '긍정적인 태도(Positive Mental Attitude)'라고 부른다. 성공을 이룬 사람들의 공통점은 바로 '긍정적 태도'를 버리지 않았다는 것이다. 요즘 흔히 말하는 '해피 마인드'가 이와 상통한다. '긍정적인 해피 마인드'가 있다면 어떤 상황에서도 쉽게 좌절하지 않을 것이다.

내가 사랑하는 한 자매는 항상 행복하게 생활하며, 밝은 얼굴로 주위 사람들에게 기쁨을 제공해 주었다. 또한 본인에 대한 자긍심이 강해 누구를 만나더라도 전혀 위축되지 않고 당당하게 대한다. 나처럼 소극적인 사람에게는 부러움의 대상이기도 하다. 평소 그녀의 모습을 보고 당연히 유복한 가정에서 사랑을 듬뿍 받으며 성장했으리라고 생각했다. 하지만 그녀는 가난한 시골에서 어려운 유년 시절을 보냈으며, 중학생 때부터 고향을 떠나 서울에서 새어머니와 함께 생활했다. 새어머니와 그 자매의 관계가 너무 좋아서 친어머니가 아니라는 사실이 믿어지지 않았다. 어떻게 그런 환경에서 밝은 자아관을 갖게 되었는지 물어본 적이 있다. 그녀는 웃으며 어린 시절의 일화를 들려주었다.

　어느 날 남자 아이들이 사방치기를 하며 노는 것을 구경하다가 돌에 눈을 맞고 말았다고 한다. 지금도 그녀의 눈 위에 흉터가 남아 있을 정도로 큰 상처였다. 그녀는 어린 마음에도 죽음이라는 것을 느끼며 정신을 잃었다고 한다.

　잠시 후, 어렴풋이 정신을 차리고 보니 자신을 안고 뛰어다니며 울부짖는 할머니의 목소리가 들려왔다. 평소 무척 엄하여서 '호랑이 할머니'라고 불릴 정도로 무서운 분이셨다.

　"어떤 놈이 나의 귀한 손녀를 다치게 만들었어? 잡히기만 하면 혼날 줄 알아! 어떤 놈이 감히 나의 귀한 손녀를…"

　아이러니컬하게도 그녀는 죽을지도 모른다는 두려움과 아픔 속에서도 '아, 나는 참 귀한 사람인가보다'라는 생각을 하게 된 것이다. 그때의 경험이 어떤 어려운 환경에서도 좌절하지 않는 힘이 되어주었다고 한다.

　그렇다. "나는 귀한 사람이고, 그렇기 때문에 반드시 성공할 수밖에 없다"는 믿음이야말로 희망과 역전의 리더십을 발휘하도록 만드는 원동력이다.

　밀가루와 계란 흰자, 베이킹파우더 등을 따로 놓고 보자. 특별한 매력을 느낄 수 없는 음식의 재료들일 뿐이다. 하지만 이것들을 모아 솜씨를 발휘하면 모든 사람들이 탄성을 지르는 맛있는 케이크로 탄생한다. 이렇게 "모든 것이 합력하여 선을 이룬다"라는 믿음이 있는 사람이라면 어떤 환경에서도 좌절하지 않을 것이다. 또한 궁극적으로 성공을 이루어낼 것이다. 이는 너무나도 당연한 이치다.

지금 자신의 자리에 만족하지 못하고 있는가? 주위 상황이 자신의 뜻과 상관없이 부정적으로 돌아가고 있는가? 그렇다고 쉽게 좌절하지는 말자. 우리 가슴에 품은 원대한 꿈을 생각하자. 지금의 고난은 하나님의 더 큰 뜻이자 계시임을 잊지말자. 좌절하지 않고 현재의 자리에서 꿈을 찾을 때, 요셉처럼 해와 달과 별이 우리에게 절하는 날이 올 것이다. 그것이 하나님의 뜻이다.

02
단점을 장점으로 승화시켜라

요셉은 아버지의 사랑을 독차지하며 성장했다. 야곱에겐 네 명의 아내가 있었다. 요셉은 그 중 자신이 가장 사랑하는 라헬에게서 90세가 넘어 어렵게 얻은 아들이다. 사정이 이렇다 보니 야곱의 사랑이 요셉에게 쏠린 것은 당연할 것이다. 야곱은 다른 아들들에게 무명옷을 입혔지만 요셉에게만 채색 옷을 입힐 정도로 편애했다. 그 때문에 요셉은 다른 이복형들의 시기와 질투를 받았다.

그러나 성경 어느 곳을 보아도 요셉이 그 일 때문에 불편한 생각을 갖거나, 형들에게 미안해했다는 기록이 없다. 요셉은 형들이 자신을 시기 질투하는 상황에서도 자중하는 모습을 보이지 않았다. 오히려 눈치 없이(?) 형들의 잘못을 목격하면 있는 그대로 야곱에게 고자질함으로써 미움을 자초했다. 이렇듯 요셉은 자신이 모든 사람들로부터 당연히 인정받고 사랑받아야 할 존재라고 생각했던 것 같다.

어느 날 야곱은 요셉에게 멀리 세겜에서 양을 치는 형들의 안부를 알아오라는 심부름을 시킨다. 요셉은 아버지의 명령에 주저함 없이 순종하는 모습을 보였다. 이는 자신만만한 그의 성격을 보여주는 예다. 만약 자신이 형들의 미움을 받아 해코지를 당할지도 모른다고 생각했다면 어떻게 선뜻 순종할 수 있었겠는가?

실제로 요셉은 아버지의 명령대로 형들을 찾아 세겜으로 떠난다. 그러나 형제들은 이미 도단으로 이동하고 없었다. 하지만 요셉은 도단까지 형들을 찾아갔다. 만일 요셉이 아버지의 명령 때문에 마지못해 심부름을 떠난 것이라면, 세겜에서 그냥 돌아올 수도 있었을 것이다. 하지만 그는 망설임 없이 도단까지 형들을 찾아간다.

사람들은 흔히 왕자병을 나쁜 쪽으로만 이해하고, 터부시하는 경향이 있다. 그것은 아마도 왕자병이 있는 사람들의 잘난 척과 타인을 무시하는 행동 때문일 것이다.

"왕자병이 있는 사람은 힘든 일은 하지 않으려 하고, 다른 사람들을 무시하며, 잘난 척이 그칠 줄 모른다."

이 같은 지적이 틀렸다고 말할 수는 없다. 왕자병이 있는 사람들은 강한 자존감 때문에 본의 아니게 다른 사람들에게 상처를 주기도 한다. 그러나 모두가 부정적인 시선으로 보는 왕자병에도 긍정적인 측면이 있다.

첫째, 왕자병이 있는 사람은 '주인공 의식'을 지니고 있다. 주위의 모든 것이 자신을 중심으로 돌아간다고 생각하기 때문이다. 따라서 세상을 이끌어가며 변화시킬 수 있는 사람도 바로 자신이라고 느끼는 것이다. 그런 이유로 주위에서 일어나는 모든 현상에 의문을 가지고 바라보며 "어떻게 하면 조금 더 나은 결과를 얻을까?" 하는 문제의식을 기른다.

리더십에 관한 명언 가운데 "리더란 사건이 일어나는 것을 지켜보는 사람이 아니라 사건을 일으키는 사람이다"라는 말이 이를 뜻한다. 주인공의 관점에서 사물을 바라보는 것과 조연이나 나그네의 시선으로 그것을 바라보는 것은 근본적으로 엄청난 차이가 있다.

이와 관련 있는 한 가지 일화를 소개한다.

내 아들이 아주 어릴 때의 일이다. 언제나 처럼 아들 녀석이 집

마당에서 동네 친구들과 놀고 있는데, 지붕의 낡은 전기 줄이 합선되어 불꽃을 일으켰다. 동네 아이들은 신기한 표정으로 "야! 저기 봐라. 전기 줄에서 불이 났다"고 이야기를 하는 반면에, 아들 녀석은 그 자리에서 펄쩍펄쩍 뛰면서 "큰일 났다. 우리 집에 불났다. 할머니 빨리 불 끄세요. 우리 집 다 타요. 그러면 우리는 어떻게 해요?" 하며 울부짖었다는 것이다.

다행히 불꽃은 쉽게 잡혀서 더 큰 불상사가 생기지는 않았으나 모친께서는 "그 어린 것이 어떻게 자기 집이 중요한지 알고 그렇게 높이 뛰면서 안타까워했는지…" 하며 지금 생각해도 신기하고 기특하다는 말씀을 두고두고 하신다.

이런 태도가 바로 주인공 의식이 아닐까 싶다. 보통 사람이 어떤 현상을 수수방관하며 바라보는 동안에도, 주인공은 자신이 무엇인가 행동해야만 한다는 책임감을 갖는 것이다. '굳이 내가 아니더라도 누군가 하겠지'라는 안일한 사람들의 생각 속에서 변화를 일으키기 위해 노력하는 자세야 말로 리더에게 필요한 것이다.

역사학자 아널드 토인비(Arnold Toynbee)가 말한 '인류 역사를 이끌어나가는 창조적인 소수자(Creative Minority)'들은 모두 주인공 의식을 가진 사람들이었을 것이다.

둘째, 그들은 어떤 어려움과 좌절 속에서도 포기라는 것을 모른다. 드라마나 영화를 보면 엑스트라들은 칼에 스치기만 해도 죽거나 도망가는 모습을 보인다. 하지만 주인공들은 어떤 역경과 두려움 속에서도 쉽게 좌절하지 않고 다시 일어선다. 주인공이 죽거나 포기해 버리면 영화나 소설은 끝이 나는 것이다.

왕자병 환자들은 자신이 주인공임을 잘 알고 있다. 오히려 그들은 그런 어려움을 즐기며 좀 더 드라마틱한 역전극을 꿈꾸기도 한다. 그들은 "사명이 있는 사람은 그것을 마칠 때까지 죽지 않는다"라는 위대한 탐험가 리빙스턴의 말을 신봉한다. 그렇게 자신만의 성공을 위해서가 아닌, 많은 조연들과 엑스트라까지 격려하며 성공 스토리를 완성해 가는 것이다.

사실 불후의 명작들 또한 주인공이 온갖 고난과 어려움을 극복한 후 해피엔딩으로 막을 내리는 것이 일반적이다. 만약 주인공들이 처음부터 승승장구하며 별 어려움 없이 성공하는 내용이라면 부러움의 대상이 될 수는 있을지언정, 감동과 희망을 전달해 주지 못할 것이다.

누구나 살다보면 피할 수 없는 어려움과 마주한다. 스스로 일어설 힘을 잃어 주저앉아 있을 때 희망과 용기를 주며 자신을 이끌 수 있는 사람을 만나는 것은 큰 축복이다. 참된 리더는 낙망하고 좌절하여 포기하려는 사람들에게 이렇게 들려줄 것이다.

"아직 끝난 게 아니니 절대 포기하지 마라. 우리는 반드시 어려움을 극복하고 성공할 것이다. 용기를 내어 다시 시작하자!"

성경에도 "하나님께서는 우리들을 하늘나라의 왕자와 공주들로 지으셨으며, 우리를 위한 놀라운 계획을 가지고 계신다"고 말한다. 또한 "우리 한 사람의 생명이 온 천하보다 귀하다"라고 이야기하며 우리가 주인공 의식을 가지고 살기를 촉구한다. 하늘나라의 왕자가 왕자병을 가지고 사는 것은 자연스러운 일 아닌가?

요셉은 왕자병이 있었기 때문에 자신에게 닥친 어려움에도 굴하지 않고 희망과 용기를 가졌다. 이처럼 긍정적인 의미에서의 왕자병은 자신에 대한 강한 자존감을 갖게 해준다. 물론 왕자병이 있다고 해서 다 리더가 되는 것은 아니다. 그러나 왕자병이 없는 사람은 결코 리더가 될 수 없다.

어느 심리학자와의 대화 중에 "어린 시절 사랑을 충분히 받아서 안정된 애착관계(Attachment)가 형성된 사람일수록 자존감이 높다. 이런 사람은 고통과 시련을 견딜 수 있다"라는 말을 들은 적이 있다. 나는 이것이 좋은 의미에서의 왕자병 개념이라고 생각한다.

야곱의 편파적인 사랑과 귀한 채색 옷 등이 비록 형들의 미움을 사는 동기로 작용했지만, 요셉을 희망과 역전의 리더로 만드는 안정된 애착관계를 형성한 것으로 보인다.

03

과거에 연연하지 마라

'Good Old Days'라는 말의 의미처럼 사람들은 과거를 이야기하기 좋아한다. 특히 실패자일수록 현재보다는 과거를 그리워하며 살아가는 경향이 있다. 그래서 우리가 무심코 사용하는 말 중 '왕년에'라는 표현이 있는 것이리라. 좋았던 과거를 회상하는 일이 무조건 나쁘다고는 할 수 없을 것이다. 하지만 좋은 추억을 미래 지향적으로 사용하지 못하는 패배자들에게는 결코 바람직한 현상이 아니다. 자신도 모르는 사이에 피해 의식을 갖게 됨으로써 결국은 환경과 주변 사람들을 원망하는 결과로 이어지기 쉽기 때문이다. '내가 왕년에…' 라는 말을 사용하는 사람 가운데 진취적으로 도전하거나, 긍정적인 사람을 본 적이 있는가?

우리 주위에는 남들보다 훨씬 우수한 재능과 잠재 능력을 가지고 있으면서도 성공의 나래를 펴지 못한 사람들이 너무나 많다. 그들에게도 꿈이 있었을 테고 자신의 꿈을 이루기 위해 최선의 노력을 다했을 것이다. 뜻하지 않았던 사건이나 방해자 혹은 장애물을 만나 좌절하지 않았더라면 자신의 꿈을 이루었을 것이다. 그들은 동정받아 마땅한 불운의 피해자들인지도 모른다.

그래서인지 노력에 비해 좋은 결과를 얻지 못한 사람들 가운데는 피해 의식에 사로잡힌 사람이 많다. 불운했던 과거를 원망하며 쓰라린 회한의 나날을 보내는 것이다. 이들에게 더욱 안타까운 점은 잃어버린 성공의 기회가 그들의 창창한 미래까지도 갉아먹고 있다는 것이다.

나이 50이 되어서 음치교정 학원에 들어가 노래를 배우고 있는 자매가 있다. 용모도 아름답고, 지혜로운 자매라 학창 시절 반장을 도맡다시피 했으나 노래를 못한다는 치명적인 약점을 가지고 있었다. 자신이 노래를 못한다는 사실이 부끄러워서 노래하는 자리에서는 언제나 숨어버리고, 괴로운 시간을 보내며 수십 년을 살아왔다. 의도적으로 그런 것은 아니지만, 자신도 모르게 자꾸 움츠려 들었던 것이다.

그러던 어느 날, 그녀는 자신이 가장 두려워하고 피하기만 했던 노래에 정면 도전을 선포했다. 노래를 정복하지 않고서는 완전한 행복과 자유를 누리지 못한다는 사실을 알게 된 것이다. 그녀는 자신이 초등학교 1학년 때 부터 노래를 두려워하게 됐음을 고백했다. 그전까지는 어린 나이 탓도 있었지만, 굳이 노래 부르는 자리를 피한 기억이 없었다.

초등학교 1학년 어느 날 담임선생님은 반장으로 임명받은 그녀에게 노래를 부르라고 하셨다. 분명 선생님은 별 의도 없이 노래를 시켰을 것이다. 그녀는 최선을 다해 노래를 불렀지만 무슨 이유에서인지 반 친구들이 노래를 듣고 웃음을 터트리기 시작했다. 감수성이 예민한 그녀는 자신이 노래를 못 불러서 그런 것으로 받아들였다. 그때부터 그녀는 자신이 노래를 못 부른다고 믿었고, 노래할 기회를 피하다보니 실제로도 음치가 되고 말았다.

과거 한순간의 잘못된 경험과 판단이 그녀의 약점이 되어 40년 이상 노래에 대한 열등감과 수치심을 느끼게 한 것이다. 과거의 사실을 있는 그대로 받아들인 그녀는 지금 어느 누구보다 더 정확한 박자와 음정으로 아름다운 찬양을 마음껏 부르고 있다.

요셉은 자신이 겪은 과거의 나쁜 경험과 이해할 수 없는 불행에 연연하지 않았다. 대신 묵묵히 앞을 향해 전진했다. 아버지의 심부름으로 먼 길을 떠나 천신만고 끝에 형들을 찾은 기쁨도 잠시, 그를 기다리고 있는 것은 형들의 위협과 구덩이 속의 감금이었다. 형들은 요셉의 간절한 애원과 눈물의 호소에도 불구하고 그를 노예로 팔아버렸다. 요셉의 신분 상징이던 귀한 채색 옷을 벗겨버린 채로… 성경은 그 장면을 이렇게 기록하고 있다.

요셉이 자기 형들을 좇아가 도단에서 그들을 찾았다. 형들은 요셉이 멀리서 오는 것을 보고 가까이 다가오기 전에 죽이려는 음모를 꾸몄다. 그들은 서로 의논했다.

"저기 꿈쟁이가 온다. 자, 우리가 그를 죽여 이 구덩이들 가운데 하나에 처넣고 맹수가 그를 삼켜버렸다고 하자. 그의 꿈이 어떻게 되나 한번 보자."

르우벤이 이 말을 듣고, 그들의 손에서 요셉을 구해낼 생각으로 말했다.

"그를 죽이지는 말자. 피는 흘리지 말자. 요셉을 그냥 이 광야의 구덩이에 던져놓고 그에게 손을 대지는 말자."

르우벤은 그들의 손에서 요셉을 구해내어 자기 아버지에게로 돌려보낼 작정이었다. 요셉이 자기 형제들에게 이르렀을 때 그들이 요셉의 옷, 곧 그가 입은 귀한 옷을 벗기고 그를 잡아서 구덩이에 던져 넣었다.

형제들은 요셉을 구덩이에 넣은 후, 이스마엘 상인들이 길르앗에서 오고 있는 모습을 보게 되었다. 그들의 낙타에는 향신료와 향유, 몰약이 가득 실려 있었다. 이스마엘 상인들은 그것들을 싣고 이집트로 내려가는 길이었다. 유다가 그 형제들에게 말했다.

"우리가 우리 동생을 죽이고 그 피를 숨긴다고 얻는 것이 뭐가 있겠느냐? 자, 그에게 손대지 말고 그를 이스마엘 사람들에게 팔아버리자. 어쨌든 그는 우리와 살과 피를 나눈 형제가 아니냐?"

그러자 다른 형제들도 그의 말에 동의하기 시작했다. 미디안의 상인들이 지나갈 때 형들은 요셉을 구덩이에서 끌어내 이스마엘 사람들에게 은 20개를 받고 팔아버렸다. 그 이스마엘 사람들은 요셉을 이집트로 데려갔다. 그리고 보디발이 이스마엘 사람들로부터 요셉을 샀다. 보디발은 이집트 사람이며, 파라오의 신하인 경호대장이었다.

한 가정에서 최고의 사랑을 받던 귀한 아들이 하루아침에 이집트의 노예로 끌려갔다. 그것도 모자라서 파라오의 경호대장 보디발의 노예로 팔려간 것이다. 이 비참한 상황을 어떻게 받아들일 수 있겠는가? 그러나 요셉은 현실을 인정하고, 최선을 다해 주인을 섬김으로 경호대장의 가정 총무 지위에 올랐다.

어느 정도 자리를 잡고 안정을 누리던 것도 잠시, 요셉의 준수한 용모에 반한 보디발의 아내의 유혹을 받게 된다. 그녀의 끈질긴 유혹을 거부하던 요셉은 결국 모함을 받아 감옥에 갇히는 신세가 되고 만다.

보통사람이라면 타국에 팔려가 노예 신분의 죄수가 되었을 때 깊은 절망과 원망, 그리고 무력감으로 자포자기했을 것이다.

"나는 최선을 다했다. 그러나 하나님은 내 편이 아니다. 하나님이 있다면 절대로 이런 일이 일어날 수 없어. 나는 하나님과 세상을 원망할거야."

우리가 흔히 듣는 소리가 아닌가? 그러나 요셉은 과거의 상처에 연연하는 대신 자신에게 주어진 현실을 인정하고, 또다시 그 자리에서 최선을 다하는 모습을 보여준다. 요셉의 훌륭한 점이 바로 이런 것이 아닐까.

나는 운동을 좋아해서 친구들과 축구 경기를 자주 했다. 그럴 때면 대개 축구를 잘 못하는 친구들이 심판을 보게 마련이다. 하지만 축구 룰을 잘 모르기 때문에 간혹 불합리한 판정을 내릴 때가 있다. 예를 들면 분명 오프사이드인데 잘 몰라서 골로 인정하는 경우처럼 말이다.

'무식하면 용감하다'라는 말도 있지만 아무리 판정의 부당성을 항의해도 좀처럼 요지부동이다. 만약 내기라도 걸린 게임이라면 억울하고 분해서 경기를 포기하는 경우도 종종 있을 정도다. 편파 판정으로 기분이 나빠 경기를 못하겠다는 것이다. 그 경기에서 패배하지만 그것은 순전히 엉터리 심판을 만나 피해를 본 때문이라고 분개한다. 그리고 이길 수 있었다고 자위하는 어리석음을 범하는 것이다.

지혜로운 사람이라면, 부당한 판정 때문에 불리한 위치에 있게 되더라도 그 경기에 최선을 다해 역전시키려고 노력할 것이다. 실력으로 역전시킬 수 있다면 부당한 판정쯤은 아무 것도 아니다. 오히려 두고두고 화제 거리가 될 수도 있는 것이다. 경기에서 졌다 해도 나중에 판정이 뒤집힐 수도 있고, 설혹 판정이 번복되지 않더라도 최선을 다한 패배는 후회할 필요가 없다.

원래 인생은 그렇게 불공평한 것인지도 모른다. 우리는 언제나 맑은 날을 기대하지만 예상치 못한 폭우 속에서 당황하기도 하고, 거센 바람 속에서 길을 잃기도 한다. 추운 겨울을 이겨내야 사랑하는 봄날을 맞이할 수 있으며, 캄캄한 밤도 담담하게 맞이해야 다음 날의 태양을 기대할 수 있는 것이다. '우리의 인생이 끝나는 날까지는 언제나 역전의 기회가 남아 있다'는 신념을 가진 사람들만이 통쾌한 역전극을 꿈 꿀 수 있다.

"과거의 불운에 대한 후회는 과거를 망치고, 미래의 불확실성에 대한 두려움은 미래를 망친다"는 명언을 염두에 두기 바란다. 그리고 언제나 주어진 현실에서 최선을 다하는 길만이 성공의 비결임을 기억하라.

04
정직과 도덕성을 겸비하라

요셉에게 하나님의 축복이 함께함을 알게 된 파라오의 경호대장은 그를 가정 총무로 임명했다. 그의 성실함 또한 인정하여 전권을 맡기고는 자기가 먹을 것 외에는 일절 간섭하지 않았다. 팔려온 노예 신분에서 이집트 실세 중의 한 사람인 경호대장의 가정 총무라는 직책은 사회적으로 크게 성공한 것이라고 볼 수 있다. 그 당시 요셉이 오를 수 있는 최고의 자리에 이른 것이라 해도 과언이 아니다.

그동안의 노고를 위로받듯 자리를 잘 보존하기만 해도 만족할 만한 삶을 누리며 살 수 있었을 것이다. 그러나 시험은 다시 요셉을 찾아온다. 그것도 젊은 청년으로서는 피하기 어려운 치명적인 시험 이었다.

요셉의 준수한 용모에 반한 경호대장의 아내가 성적인 유혹을 시작한 것이다. 그것도 날이면 날마다 끈질기게, 나중에는 옷을 붙잡고 매달릴 정도로 적극적으로 말이다.

그가 요셉에게 자기 집안일과 모든 것을 다 맡긴 때부터 여호와께서 요셉 때문에 그 이집트 사람의 집에 복을 내리셨다. 여호와의 복은 보디발의 집안에 있는 것이나 들에 있는 것이나 보디발이 가진 모든 것에 내렸다. 그래서 그는 모든 것을 요셉에게 맡겨두고 자기가 먹을 것 외에는 아무 것도 신경 쓰지 않았다. 요셉은 외모가 아름답고 얼굴이 잘생긴 사람이었다. 얼마 후에 주인의 아내가 요셉에게 눈짓을 하며 말했다.

"나와 같이 자자."

요셉은 거절하면서 주인의 아내에게 말했다.

"보십시오. 주인께서는 집안에 있는 것들에 대해 전혀 간섭하지 않으시고 자신이 가진 모든 것을 제게 맡기셨습니다. 이 집에서 저보다 큰 사람은 없습니다. 내 주인께서 제게 허락하지 않으신 것이라고는 마님밖에 없는데 이는 주인의 아내이기 때문입니다. 그런데 제가 어떻게 그렇게 악행을 저질러 하나님께 죄를 짓겠습니까?"

하지만 그녀는 포기하지 않고 날마다 요셉에게 끈질긴 요구를 했다. 요셉은 그녀와의 잠자리를 거절했을 뿐만 아니라 함께 있으려고도 하지 않았다.

그러던 어느 날 우연찮게도 집안에 아무도 없었다. 때를 놓치지 않고 보디발의 아내가 요셉의 옷자락을 붙잡고 말했다.
"나와 같이 자자."
그러나 요셉은 그녀의 손길을 뿌리친 채 급하게 집 밖으로 도망쳤다. 하지만 서둘러 나가는 바람에 옷을 버려두고 나온 게 화근이었다. 그녀는 요셉이 겉옷을 버려둔 채 집 밖으로 도망친 것을 보고 하인들을 불러 말했다.
"보라. 주인께서 우리를 웃음거리로 만들려고 히브리 사람을 데려왔나 보구나. 그 사람이 나를 덮치려고 했다. 당황한 내가 목소리를 높여 고함치니 그가 옷을 버려둔 채 집 밖으로 도망쳤구나."
그녀는 보디발이 집에 돌아올 때까지 요셉의 옷을 곁에 두고 있었다. 그리고 낮에 일어난 일에 대해서 거짓을 고하기 시작했다.
"당신이 우리에게 데려온 히브리 종이 저를 희롱하려고 방에 들어왔습니다. 그런데 제가 고함을 치자 자기 옷을 버려두고 집 밖으로 도망쳤습니다."
보디발은 일방적인 아내의 말을 듣고 크게 분노했다. 그리고 요셉을 데려다가 왕의 죄수를 가두는 감옥에 집어넣었다.

성경에는 "요셉은 날이면 날마다 끈질기게 요구하는 그녀와 함께 자기를 거절하며 함께 있으려고도 하지 않았다"라고 간단하게 기록되어 있다. 하지만 그 과정에서 보디발의 아내가 얼마나 집요하게 온갖 보상의 약속과 위협을 병행했을는지 짐작하고도 남음이 있다.

물론 요셉은 한 번도 여자를 가까이해 본 적이 없는 피 끓는 청년으로서의 욕망과 호기심이 있었을 것이다. 게다가 주위에 아무도 없다는 비밀스러운 유혹도 뿌리치기 힘들었을 것이다.

그 시대는 성이 문란하여 불륜이 자연스러운 시대였다. 거기에 가정 총무직 박탈 및 노예시장 방출 등의 위협도 있었을 것이다. 더불어 제안을 받아들였을 때의 은밀한 보상 등도 뇌리에 스쳐갔을 것이다. 남자가 사회적으로 성공하면 본능적으로 술과 여자를 찾는 사례가 많은 현실에서 여자의 은밀하면서도 집요한 유혹은 뿌리치기 어려운 시험이었을 것이다.

그러나 요셉은 그 모든 것을 일축하며 정직하고 도덕적인 행동을 고수했다. 자신의 직책과 안락함, 어쩌면 목숨까지도 포기해야 할 상황임에도 불구하고 요셉의 결정은 단호했다.

그것은 첫째, 자신을 믿고 전권을 위임한 경호대장에 대한 신뢰의 표시이며 둘째, 자신이 섬기는 하나님에 대한 신앙의 결단이다.

"보십시오. 주인께서는 집안에 있는 것들에 대해 제게 전혀 간섭하지 않으시고 자신이 가진 모든 것을 제게 맡기셨습니다. 이 집에서 저보다 큰 사람이 없습니다. 내 주인께서 제게 허락하지 않으신 것이라고는 마님밖에 없는데 그것은 마님이 주인의 아내기 때문입니다. 그런데 제가 어떻게 그렇게 악한 짓을 저질러 하나님께 죄를 짓겠습니까?"

이 얼마나 단호하고 명확한 선포인가! 그는 자신의 말이 어떤 불이익과 고난을 초래할지 잘 알고 있었지만 정직하고 도덕적인 선택을 했다. 어릴 적 고향에서도 정직성과 도덕성 때문에 형들의 잘못을 보면 묵인하지 않고, 그대로 아버지에게 전하다가 미움을 자초했던 요셉은 이집트에서도 변함없는 모습을 보여주었다.

만약 인생이 단거리 경주라면 반칙을 해서라도 이기고 싶은 욕망이 들 것이다. 그러나 인생은 끝이 보이지 않는 장거리 경주이자 혼자 가야하는 마라톤과 같다. 지금 내 앞에 닥친 어려운 상황은 끝이 아닌 더 밝은 미래를 향한 과정임을 깨닫기 바란다. 정직성과 도덕성은 아무리 강조해도 지나침이 없는, 특히 리더에게 꼭 필요한 덕목이다.

많은 유력한 정치인과 기업가 들이 중도에 낙마하는 이유는 대부분 부정직성과 부도덕성 때문이다. 만인의 존경과 부러움을 받던 사람이 부정직했던 과거와, 부도덕적인 이성 관계 때문에 한순간 몰락하는 현실을 언론을 통해 자주 접하게 된다. 참으로 안타까운 일이 아닐 수 없다. 화려하고 먹음직스런 낚시꾼의 미끼를 덥석 물었다가 생을 마감하는 물고기처럼 한순간의 이익과 쾌락에 현혹된다면 훌륭한 리더가 될 기회를 잃고 마는 것이다.

GE의 전 회장 잭 웰치(Jack Welch)는 《위대한 승리(Winning)》라는 저서를 통해 기업과 개인의 성공을 위해 꼭 필요한 요소는 '정직성'이라고 주장하며, 자신의 성공 요인 또한 '정직성'으로 돌렸다. 더불어 그는 기업이 직원을 채용하는 첫 단계에서 '정직성'을 심사해야 하고, 고위 경영진을 발탁할 때는 가장 먼저 '진실성'을 점검해야 한다고 주장했다.

정직성과 진실성을 겸비한 사람이라면 다소 시간이 걸리더라도 꼭 자신의 꿈을 이룰 수 있으리라 믿는다. 우리의 정직성과 진실성은 지금 어디에 있는가?

05
리스크 관리에 초점을 맞춰라

최근 각 회사마다 크게 신경 쓰는 것이 리스크다. 하루가 다르게 급변하며, 한 치 앞도 내다볼 수 없는 기업 환경에서 회사가 파산하지 않고 지속적으로 성장하기 위해서는 리스크 관리가 필수다.

리스크 관리에 소홀하여 피해를 입은 대표적인 업종이 보험이다. 보험회사들이 매출액에만 치중한 나머지 저금리와 위험율차 리스크를 대비하지 못한 결과 적지 않은 보험회사가 도산하거나 재정적인 어려움에 시달리고 있다. 그렇다고 리스크를 피하려고만 한다면 성공은 눈에서 멀어진다. 리스크를 제대로 관리하지 못하면 낭패를 보기 때문에 회사마다 그것을 담당하는 최고 임원(Chief Risk Officer)을 선임하는 추세다. 회사가 감수해야 할 리스크를 선별해 대책을 세우고, 감수할 수 없는 리스크를 구별해 피하게 만드는 것이 CRO의 역할이다.

개인들도 살아가면서 수많은 리스크와 마주하는데, 그런 리스크를 얼마나 현명하게 관리하느냐에 따라 성공과 실패가 갈린다고 할 수 있을 것이다. 리더의 역할이 다른 사람들의 성공을 돕는 것이라고 전제할 때, 자신은 물론 다른 사람들의 리스크도 관리해 줄 수 있어야 한다.

요셉은 개인의 리스크를 잘 관리한 사람이었다. 요셉에게 다가왔던 리스크의 종류는 무엇이며, 대처 방법은 어떠했는지 살펴보기로 하자.

첫 번째의 리스크는 '고난과 시련의 형태'로 다가왔다. 그러나 요셉은 묵묵히 최선을 다해 고난과 시련을 감내했다. 고난과 시련은 아무도 원하지 않지만 살아가면서 피할 수 없는 일이다. 또한 작지 않은 인내와 적응력을 요구한다. 고난과 시련을 피해 도망가거나 좌절한다면 절대 성공할 수 없다. 실패는 불을 보듯 뻔한 일이 된다.

이미 앞에서 이야기했듯이 요셉은 형들에게 배신당해 노예로 팔려갈 때에도, 정직성과 도덕성을 지키다가 억울한 누명을 쓰고 죄수가 되었을 때에도, 결코 포기하거나 좌절하지 않고 인내함으로써 리스크를 성공적으로 관리했다.

"누구나 젖과 꿀이 흐르는 약속의 땅 가나안에는 가고 싶어하지만, 그곳에 가기 위해 반드시 거쳐야 하는 광야에 들어가는 일은 싫어한다"는 말처럼 성공을 위해 반드시 치러야 하는 대가가 고난과 시련이다. 우리는 이 사실을 잊지 말아야 한다.

보험업계에서는 '성공의 공통분모(The common denominator of success)'라는 말이 있다. 성공한 사람들의 특징은 '남들이 하기 싫어하는 일을 일부러 하는 습관으로 만든다'는 것이다. 물론 그들도 남들과 마찬가지로 어려운 일에 부딪히기 싫을 것이다. 하지만 성공에 이르는 길임을 알기에 참아내며 습관이 될 때까지 자신들을 훈련(Discipline)시키는 것이다. 우리나라 단군 신화에는 웅녀가 사람이 되기 위해 굴속에서 마늘과 쑥만 먹으며 참았다는 이야기가 나오는데, 이도 같은 맥락일 것이다.

요셉의 두 번째의 리스크는 '유혹의 형태'로 다가왔다. 주인 여자의 은밀하고 집요한 성적 유혹이 그것이다. 그러나 요셉은 단호하게 이를 거절하였다.

현대인에게 가장 뿌리치기 힘든 유혹이 '돈과 섹스, 권력'이라고 한다. 달콤해 보이고, 행복을 줄 것 같으며, 한번쯤 시도해도 괜찮을 것이라는 착각 때문에 받아들이게 되는 리스크다. 따지고 보면 인류의 조상 이브가 타락한 것도 "선악과를 먹으면 눈이 열려서 하나님처럼 될 것이다"라는 뱀의 유혹에 넘어갔기 때문 아닌가?

유혹은 늪과 같아서 가까이 다가갈수록 통제력을 잃고 빠져드는 무서운 것이다. 성경에는 이브가 유혹에 빠지는 장면을 "여자가 (뱀의 말을 듣고) 보니 그 나무의 열매가 먹기에 좋고, 눈으로 보기에도 좋으며, 지혜롭게 할 만큼 탐스러워 보였다. (그래서) 여자가 그 열매를 따서 먹었다"라고 기록하고 있다.

순간적인 판단 착오나 만용으로 유혹을 받아들이는 것은 나방이 불에 뛰어들고, 송아지가 도살장으로 끌려가기 위해 코를 꿰는 것 같은 어리석음을 범한다는 사실을 명심해야 한다. 유혹의 리스크는 단순히 피하는 것으로는 부족하다. 오직 멀리 달아나야 한다.

세 번째의 리스크는 '기회라는 형태'로 다가왔는데, 요셉은 이를 적극적으로 붙잡았다. 이집트의 파라오가 이상한 꿈을 꾸고 번민할 때, 그것을 풀이할 후보자로 요셉이 추천된다. 꿈을 풀이하지 못하면 자칫 목숨을 잃을 수도 있는 상황에서 요셉은 주저하거나 물러서지 않고 적극적으로 도전한다.

"내가 꿈을 꾸었는데 아무도 그것을 풀지 못했다. 너에 대해 들어보니 꿈을 들으면 풀 수 있다고 하더구나"라는 파라오의 말에 요셉은 주눅 들지 않고 당당하게 말한다.

"제가 아니라 하나님께서 파라오께 평안한 대답을 주실 것입니다."

전에 신하들의 꿈을 풀이해 준 적이 있는 요셉이었지만, 파라오의 꿈도 풀이할 수 있다고 장담하기는 어려울 것이다. 그러나 요셉은 과감하게 하나님을 의지하며 기회를 붙잡았다. 결과적으로 요셉은 파라오의 꿈을 명쾌하게 풀이해 줌으로써 이집트의 총리가 되었다. 목숨을 걸고서라도 자신에게 온 기회를 붙잡은 것이다.

실패를 감당할 용기가 없어 자신에게 주어진 기회를 잡지 못하는 어리석음을 범해서는 안 될 것이다. 당연한 이야기지만 자신에게 다가오는 기회를 잡기 위해서는 평소 핵심 역량을 키우는 일에 힘써야 한다.

우연한 기회를 잡은 또 한 사람의 좋은 사례가 다윗이다. 이름 없는 목동에 지나지 않았던 다윗은 골리앗과의 싸움에 과감하게 뛰어들어 그를 쓰러뜨리고 영웅으로 부상하였다. 이는 그가 평소에 양을 치면서 끊임없이 갈고 닦았던 '물매로 돌을 던지는 기술'이 있었기 때문이다.

당시 최고 용사였던 골리앗이 가장 좋은 무기를 가지고 싸우러

나올 때 다윗은 자신에게 익숙한 물매를 사용해 골리앗을 쓰러뜨렸다. 비록 남들이 보기에는 하찮은 기술일지라도 최고의 경지까지 갈고 닦으면 언젠가는 반드시 사용할 기회가 생길 것이다.

수없이 많은 기회가 우리 곁을 스쳐갈 때에 핵심 역량이 부족해서 과감하게 도전하지 못하는 안타까움은 없어야 하겠다. 그래서 누군가는 "성공이란 일정한 정류장을 정기적으로 순환하는 노선버스가 아니고, 일부러 전화해야 찾아오는 콜택시와 같다"라고 말했는지 모른다.

06
섬김과 배려의 자세를 갖춰라

요셉은 보디발의 아내에게 모함을 받고 파라오의 죄수들이 감금되는 감옥에 수감되었다. 노예인 요셉이 죽임을 당하지 않고, 감옥에 수감된 것은 평소 성실하고 정직했던 생활 태도가 정상 참작된 것으로 보인다.

요셉은 그곳에서도 곧 간수의 마음에 들게 된다. 간수는 감옥에 있는 모든 사람과 그곳에서 이루어지는 모든 일을 요셉에게 맡겼다. 이는 다시한번 요셉의 성실성과 섬김의 자세를 말해 주는 증거라 할 수 있다.

그러던 어느 날, 파라오의 술 맡은 신하와 빵 굽는 신하가 잘못을 저질러 요셉이 갇힌 감옥에 수감되었다. 요셉의 성실성을 잘 아는 경호대장은 요셉에게 두 신하를 시중들도록 명령한다. 자기 아내를 겁탈하려 했다는 죄목을 가진 죄수에게 파라오의 중요한 신하들을 시중들도록 명령할 만큼 요셉은 탁월한 섬김의 사람이었다.

요셉의 섬김과 배려의 자세가 잘 나타나는 또 하나의 사건은 두 신하들의 꿈을 풀이한 일이다. 어느 날 두 신하는 같은 날 밤에 꿈을 꾸었다. 하지만 그 꿈의 의미를 몰라 침울한 날을 보내게 된다. 다음날 아침, 요셉은 즉각 두 신하의 침울한 표정을 눈치 채고는 그 이유를 물어본다.

"오늘은 두 분의 얼굴빛이 왜 그리 안 좋으십니까?"

'오늘은'이라는 단어에서 우리는 요셉이 날마다 두 신하의 얼굴빛을 살펴왔다는 것을 유추할 수 있다. 우리는 주위 사람들의 표정에 얼마나 민감하게 반응하는가? 어쩌면 자신만의 문제에 정신이 팔려 이 순간에도 주위 사람들의 필요와 고민을 몰라보며 지나치고 있는 것은 아닌가? 훌륭한 리더에게는 사람들의 필요를 민감하게 알아챌 수 있는 안목이 있어야 한다.

두 신하가 "우리가 꿈은 꾸었는데 꿈을 풀이해 줄 사람이 없구나"라고 말하자, 요셉은 주저하지 않고 또다시 "꿈을 풀이하는 것은 하나님께 달린 것이 아니겠습니까? 꿈꾸신 내용을 제게 말씀해 보십시오"라고 대답했다.

꿈을 풀이하는 것이 요셉의 업무에 포함되지 않았을 것은 당연하다. 또한 꿈을 잘못 풀이하다가 낭패 보는 경우도 있을 것이다. 그럼에도 요셉이 꿈 풀이를 자청한 이유는 무엇일까? 그것은 자신의 업무나 의무와는 관계없이 사람을 섬기고, 배려하려는 자세에서 자연스럽게 배어나오는 행동이다.

섬김과 배려의 자세 때문에 목숨을 구했다는 청년의 이야기가 생각난다.

6·25 동란 중에 한 크리스천 청년이 후퇴하던 북한군 패잔병들에게 붙잡혔다고 한다. 부상 당한 패잔병들은 청년에게 짐을 강제로 지게 하고 한참을 끌고 갔다. 추운 겨울날 죽음에 대한 두려움 속에서 무거운 짐을 지고 가족과 반대 방향으로 가는 것은 무척이나 힘든 일이었을 것이다. 한참을 걸어간 후에 좁고 험한 산길을 만나게 된 패잔병들이 청년에게 말했다.

"이제부터는 우리가 짐을 지고 갈 테니 그만 돌아가도 좋다. 가족들에게로 돌아가라."

청년은 '이제 살았구나' 하는 안도감으로 빨리 그 자리를 떠나고 싶었으나, 불현듯 평소에 묵상하던 성경 말씀이 떠 올랐다. "누가 네게 억지로 5리를 가자고 하거든 10리를 같이 가주어라" 이내 청년은 자기보다 더 두려움에 떨며 힘들어하는 패잔병들에 대한 동정심이 생겼다. 청년은 다음과 같이 말하며 짐을 다시 메었다.

"부상을 당하신 것 같은데 제가 좀 더 지고 가겠습니다. 산길을 지나서 좀 더 평탄한 길이 나오면 그 때 돌아가겠습니다. 저는 크리스천이거든요. 여러분들도 가족이 기다리는 고향으로 무사히 돌아가야지요."

산길을 지나 평탄한 길이 나왔을 때 패잔병들은 청년을 돌려보내면서 말했다.

"사실은 아까 당신을 돌려보내면서 죽이려고 했습니다. 우리들을 신고하면 안되니까요. 그러나 당신이 스스로 짐을 더 지고 왔기에 믿을 수 있는 사람이라 생각해 살려 보냅니다. 도와줘서 고맙습니다. 전쟁이 끝나면 살아서 다시 만납시다."

섬김과 배려는 이처럼 적들까지도 감동시키고, 내 편으로 만드는 힘이 있다. 이런 섬김과 배려의 정신으로 사람들을 감동시키는 사람이 훌륭한 리더로 성장하는 것은 당연한 이치가 아니겠는가?

보험회사에서도 때때로 조직의 변화를 겪게 된다. 컨설턴트들이 팀을 바꿔야 할 때가 있는데, 그때마다 실력이 있는 리더보다는 섬김과 배려가 있는 리더에게로만 가겠다고 몰려서 애를 먹은 경험이 있다. 누구나 자신을 도와주고 배려하는 리더를 선호하는 것은 당연한 일이다.

고객 감동이라는 의미를 '고객이 기대했던 것 이상의 서비스를 제공하는 것(More than expected)'이라고 정의하는 것처럼, 상대방의 기대를 넘는 섬김과 배려의 자세는 탁월한 리더의 조건임에 분명하다.

리더의 자리가 무슨 완장이라도 되는 것처럼 군림하려고 들고, 다른 사람보다 자신의 이익을 우선시 하는 몇몇 사람들 때문에 고통당하는 사람이 많다. 리더의 자리는 결코 군림하는 자리가 아닌 섬기고 배려하는 마음이 필요하다는 것을 기억하기 바란다.

"리더십은 이전과는 다른 행동과 태도를 요구한다. 리더가 되기 전에는 자기 자신이 성장하는 것이 성공의 핵심이었지만, 리더가 된 후에는 다른 사람의 성공을 돕는 일이 핵심이 되어야 한다"는 잭 웰치의 말처럼 리더들의 섬김과 배려가 절실하다.

07
인내하며 기다려라

　　　　　　　　　　술 맡은 신하의 꿈을 듣게 된 요셉은 그가 3일 안에 지위를 회복하고, 파라오의 손에 술잔을 드리게 될 것 이라고 풀이하며 다음과 같이 부탁한다.

"일이 잘 풀리면 저를 기억하겠다고 약속해 주십시오. 제게 은혜를 베풀어 파라오께 제 이야기를 하셔서 저를 이 감옥에서 꺼내어주십시오. 저는 히브리 땅에서 끌려왔는데, 감옥에 갇힐 만한 잘못은 결코 저지르지 않았습니다."

3일 안에 지위를 회복한다는 요셉의 꿈 풀이에 그는 부탁을 흔쾌히 들어준다고 약속했을 것이다. 요셉의 꿈 해몽이 있은 지 3일째 되는 날, 파라오의 생일을 맞아 술 맡은 신하는 원래의 직위로 복귀하게 되었다. 요셉의 꿈 풀이가 맞은 것이다.

요셉은 감옥 안에서 억울한 누명을 벗고 자유의 몸이 되리라는 기대에 가슴이 벅찼을 것이다. 하지만 무정하게도 술 맡은 신하는 요셉과의 약속을 기억하지 못했다. 하루하루 손꼽아 석방 소식을 기다린 것이 무려 2년….

기쁜 소식을 기다려본 경험이 있는 사람들은 '하루가 3년과 같다'는 말을 실감할 것이다. 그것도 상대방의 소식을 전혀 알 수 없는 기다림이라면 애간장이 녹는 느낌이 들 것이다. '기다림이 사람을 죽게도 만든다'고 하지 않던가.

경제학자 짐 콜린스(Jim Collins)는 베트남 전쟁이 한창이던 1965년에서 1973년까지 8년간 '하노이 힐턴' 전쟁포로 수용소에서 20여 차례의 고문을 당하고도 살아남은 미 해군 3성장군 짐 스톡데일을 만났다. 그리고 '스톡데일 패러독스(Stockdale paradox)'라는 신조어를 만들어낸 바 있다.

전쟁포로 수용소 생활을 견뎌내지 못하고 죽은 사람들은 자신들이 "크리스마스 때까지는 나갈 거야" 또는 "부활절까지는 나갈 거야, 그것도 아니면 추수감사절까지는 꼭 나갈 수 있을 거야"라고 생각한 사람들이었다. 그 기다림이 수포로 돌아가자 사람들은 크게 절망한 나머지 살아야겠다는 의지를 포기해 버린 것이다.

이 사례가 우리에게 던져주는 시사점은 무엇인가? 결국에는 성공하리라는, 절대 실패할 리 없다는 믿음을 잃지 않아야 하는 동시에 눈앞에 닥친 현실의 냉혹한 사실들을 직시하고 받아들여야 한다는 것이다. 이것이 '스톡데일 패러독스'다.

"우리는 반드시 전쟁포로수용소에서 나가게 될 것이다. 그러나 이번 크리스마스는 아닐 것이므로 거기에 대비해야 한다"는 스톡데일 장군의 자세가 그를 살아남게 만들었다.

요셉은 기다림의 달인이었다. 그는 자신의 석방을 간절히 기다렸지만, 바람이 이루어지지 않는다고 해서 결코 실망하지 않았다. 결국 2년 후에 파라오가 이상한 꿈을 꾸고, 그 꿈을 풀지 못해 마음이 편치 않게 되었을 때에야 술 맡은 신하가 요셉을 기억하고 파라오에게 추천하기에 이른다.

오랜 기다림 끝에 파라오 앞에 서게 된 요셉은 술 맡은 신하의 무심함을 원망하지 않았다. 대신에 아무 일도 없는 듯 내색치 않고 평정심을 유지했다. 그리고 파라오에게도 술 맡은 신하의 꿈을 풀이해 주었을 때와 같은 이야기를 들려준다.

"제가 꿈을 풀이하는 것이 아니라 하나님께서 평안한 대답을 주실 것입니다."

결국 요셉은 파라오의 꿈을 해석함으로써 이집트 총리직에 오른다. 결과적으로 보면 단순히 석방만을 기대하고 있던 요셉에게 2년간의 기다림은 더 큰 기회로 작용했다. 단번에 이집트의 총리로 발탁되는 기회가 그를 찾아온 것이다.

성경이 말하는 또 다른 기다림의 대표적인 인물은 아브라함이다. 그는 75세에 고향과 친척, 아버지의 집을 떠나 하나님께서 지시하시는 땅으로 갔다. 자식이 없는 그에게 하나님은 아들을 주시겠다고 하며, 그 아들을 통해 자손들이 하늘의 별이나 바다의 모래와 같이 큰 민족을 이루겠다고 약속했다. 또한 아브라함을 복의 근원으로 만들어주시겠다고 약속했다. 아브라함은 그 약속을 믿고 떠났던 것이다.

그러나 아브라함을 기다리는 것은 가뭄과 정처 없는 방랑뿐이었다. 그에게는 발 붙일 만큼의 땅도 주어지지 않았으며, 약속한 아들도 100세가 될때까지 25년이란 시간동안 이루어지지 않았다. 말이 25년이지 자신과 아내가 늙어 생물학적으로 자녀를 낳을 수 없게 된 후에도 아들을 기다린다는 것은 어려운 일이다.

성경은 이런 모습을 "죽은 사람이나 다름없는 한 사람에게서 하늘의 수많은 별과 같이, 그리고 바닷가의 셀 수 없는 모래와 같이 수많은 자손들이 태어났다"라고 기록하고 있다. 결국 아브라함은 불가능한 가운데서도 하나님의 약속을 믿고 기다렸다. 기다리는 믿음이 기적을 만들어내는 것이다.

다윗 또한 어린 목동 시절에 사무엘로부터 왕이 되리라는 예언과 함께 기름부음을 받았다. 골리앗을 죽여 온 국민의 영웅으로 화려한 데뷔를 하였으나, 그 후 평탄하게 왕이 되는 과정을 밟기는커녕 사울왕의 질투를 받아 광야와 토굴, 심지어는 적국으로 도피 생활을 해야 했다.

굶주림으로 제사장만 먹도록 되어있는 거룩한 빵도 먹고, 적국에서 살기 위해 미친 척을 해야 할 정도의 극심한 고난은 그가 30세가 될때까지 계속되었다. 그러나 다윗은 긴 고난의 시간에 좌절하지 않았다. 하나님의 약속을 믿고 인내하며 하나님만 의지한 결과 이스라엘 역사상 가장 훌륭한 왕이 될 수 있었다.

기다림의 세월은 인내를 요하지만 그에 따른 보상은 기대 이상의 것을 가져다 준다. 과일도 오래 기다려야 제 맛이 나는 것처럼 기다림을 통해 더 나은 결과를 얻을 수 있다면 인내해야 한다. 농부가 열매를 기다리며 무더운 여름을 묵묵히 견뎌내는 것처럼, 우리들도 조바심 없이 더 큰 성공의 기회를 기다리는 지혜를 배워야 하겠다.

08
겸손을 몸소 실천하라

파라오의 꿈은 '이집트를 비롯한 전세계에 앞으로 7년 동안 큰 풍년이 있을 것이고, 그 후 7년 동안에 더 큰 흉년이 뒤따를 것'이라는 내용이었다. 흉년이 시작되면 이집트의 모든 풍요로움은 잊혀지고 기근이 온 땅을 뒤덮게 되는데, 기근이 너무 심해서 이집트 땅에 풍요로움이 있었는지 기억조차 못하게 된다는 것이었다. 그리고 그 일이 얼마 남지 않았다는 사실까지 알려준다. 우리의 주인공 요셉은 이렇게 꿈을 풀이한 후 파라오에게 대책을 제시한다.

"이제 파라오께서는 분별력과 지혜가 있는 사람을 찾아 이집트 땅 위에 세우십시오. 온 땅에 감독들을 임명하시고, 7년의 풍년 동안 이집트에서 추수한 곡식의 5분의 1을 거둬들이게 하십시오. 이제 다가올 풍년 동안에 이 식량들을 모아 들이시고, 왕의 권한 아래 이 곡식들을 각 성읍들에 쌓아놓고 지키게 하십시오. 이 양식들은 이집트 땅에 일어날 7년 동안의 흉년에 대비한 식량이 될 것입니다. 그러면 이 땅이 흉년으로 망하는 일이 없을 것입니다."

요셉은 이집트가 멸망하지 않을 묘책을 제시하면서도, 자신을 적임자로 자천하는 대신에 다른 사람을 임명할 것을 제안하는 겸손한 모습을 보인다.

평상시에도 겸손하기가 어렵지만, 결정적인 순간에 자신을 내세우지 않고 다른 사람을 추천하는 것은 힘든 일이다. 많은 사람들이 겸손을 추구하지만 막상 큰 이익이 걸린 순간에는 자신을 내세우는 경우가 많다. 그래서 '진실의 순간(Moment of truth)'이라는 말도 있는 것이리라.

요셉의 명쾌하면서도 겸손한 제안에 감동한 파라오는 신하들에게 다음과 같이 말한다.

"우리가 이 사람처럼 하나님의 영이 있는 사람을 찾을 수 있겠느냐?"

그러고 나서 파라오는 모두가 깜짝 놀랄 만한 명령을 내린다.

"하나님께서 네게 이 모든 것을 알려주셨으니, 너만큼 분별력과 지혜가 있는 사람이 없을 것이다. 너는 내 집을 다스리도록 하여라. 내 모든 백성이 네 명령에 순종할 것이다. 보아라. 내가 지금 너를 이집트 온 땅에 세우노라."

파라오는 자신의 손가락에서 반지를 빼 요셉에게 끼워주었다. 고운 삼베로 된 옷을 입히고 그 목에는 금 목걸이를 걸어주었다. 이 얼마나 극적인 역전의 드라마인가! 그러나 이 역전의 드라마를 있게 한 배경에는 요셉의 겸손함이 있었다는 사실을 간과해서는 안 된다.

만약 요셉이 다른 사람을 추천하지 않고, 자신이 문제 해결의 적임자라고 자천했다고 가정해 보자. 히브리에서 팔려온 노예 죄수가 파라오의 꿈을 풀이하면서 7년간의 큰 흉년을 예언함과 동시에 자신이 그 흉년을 무사히 견딜 수 있게 할 적임자라고 강조 했다고 말이다. 파라오와 모든 신하들이 그 말을 신임하기는커녕 오히려 요망한 해몽이라고 처벌할 확률이 훨씬 높았을 것이다. 요셉의 겸손한 태도가 파라오와 신하들에게 그를 신임하도록 만들었다.

"겸손한 사람은 사람들 사이에 다리를 놓지만, 교만한 사람은 사람들 사이에 벽을 쌓는다"라는 말처럼 탁월한 능력을 가지고도 겸손하지 못한 사람이 많다. 이런 부류의 사람들은 저항을 받아 리더 자리에 오르지 못하거나, 올랐다가도 중도에 낙마하는 일이 많다. 참으로 안타까운 일이다.

또한 실력이 되지 못함에도 무리하게 리더의 자리에 올랐다가 본인도 힘들고, 조직원들에게도 많은 피해를 끼치는 경우가 빈번하다. 겸손하게 자신을 낮추고, 다른 사람을 높이는 사람들만이 진정으로 조직원들을 성공하도록 만드는 참된 리더가 될 수 있다.

흔히 겸손의 정의를 단순히 '자신을 낮추는 것'으로 생각하여 나약해 보이거나 소극적인 태도를 보이는 것으로 오해하는 경우가 많다. 그렇기 때문에 겸손이 현대와 같이 경쟁이 치열하고, 적극적인 자기 홍보가 필요한 시대에는 걸맞지 않는 구시대적 덕목이라고 생각하는 사람들도 있다. 이것은 겸손을 너무 소극적인 개념으로 이해하는 데서 생기는 결과다. 요셉이 파라오에게 "저는 적임자가 아닙니다"라고 말하지 않고, "분별력과 지혜가 있는 사람을 찾아 이집트 땅 위에 세우십시오"라고 말한 것에 주목하라.

겸손의 적극적인 개념은 '다른 사람을 높여 주는 것'을 의미한다. 다른 사람들을 크게 높여 줌으로써 상대적으로 나를 낮추는 태도가 적극적인 겸손이며 상생의 지혜인 것이다.

정상이 한 자리밖에 없다고 생각하는 사람들은 다른 사람들을 물리치고, 자신이 빨리 가야만 그 자리에 오를 수 있다고 생각한다. 그 때문에 마음에 여유를 갖기는커녕 겸손해질 수 없는 것이다. 마치 동생 아벨 때문에 자신이 하나님의 사랑을 받지 못한 것으로 생각한 인류 최초의 살인자 가인처럼 말이다.

가인은 동생 아벨이 없어지면 하나님의 사랑이 자연적으로 자신에게 돌아오리라고 생각했다. 그러나 아벨이 없어졌어도 여전히 가인은 하나님의 사랑을 받지 못했다. 스스로 변화하는 모습을 보여주지 못했기 때문이다. 아벨이 살아 있다 해도 자신만 변화한다면 두 사람 모두 하나님의 사랑을 누릴 수 있음을 가인은 알지 못했다.

보험업계에서는 신입 컨설턴트 교육시에 "정상의 자리는 너무도 넓다. 원하는 사람이라면 누구나 그 자리에 설 수 있을 만큼 넉넉하다. 모두가 자신이 원하는 만큼 성공할 수 있다. 그러므로 자신의 성공 비결을 적극적으로 나누는 것이 성공의 지름길이다"라고 강조하며 함께 성공하기를 가르친다.

우리가 잘 아는 '천국과 지옥의 차이'라는 이야기를 한번 생각해 보자. 지옥의 사람들은 진수성찬이 차려진 테이블 앞에 앉아서도 음식을 먹지 못했다. 자신의 팔보다 훨씬 긴 젓가락들이 손에

묶여 있어서 입으로 음식을 넣을 수 없었던 것이다.

음식을 뻔히 보면서도 입에 넣지 못하고, 긴 젓가락이 서로에게 방해가 되었다. 음식을 먼저 먹으려고 싸우다 보니 피골이 상접한 상태로 상대방에 대한 분노와 증오만 쌓여갈 뿐이었다.

하지만 천국에서는 지옥과 같은 상황임에도 불구하고 사람들은 행복했다. 자신의 입으로 넣지 못하는 긴 젓가락을 이용해 서로가 먹여줌으로써 얼굴빛도 좋고, 서로 감사하며 기쁘게 살고 있었다는 것이다.

다른 사람들을 먼저 성공시켜주고 나서도 기회는 얼마든지 찾아온다. 다른 사람들을 높여줌으로써 그들의 성공 비결을 겸허하게 받아들일 수 있는 것이다. 자신의 성공 비결을 적극적으로 나누어줌으로 함께 성공하는 문화가 형성되는 것이다.

자신이 가장 잘난 사람인지 아는 이들은 타인에게 배우기를 거부하지만, 겸손하게 상대방을 높여주는 사람들은 자신도 발전하게 된다. 결국 상대방을 높여주는 적극적인 겸손이 자신도 성공하는 비결인 것이다.

3

멘토 요셉 II
―능력과 성과, 그리고 회복

01
본질적인 임무에 충실하라

요셉은 이집트의 총리가 되고 나서 무엇보다 자신의 기본적이고 본질적인 임무에 충실했다. 리더로서 자신이 해야 할 임무의 본질이 무엇인지 아는 것은 매우 중요하다.

의외로 많은 리더들이 본질적인 자신의 임무에서 벗어나 부대적인 일에 시간과 자원, 그리고 정력을 낭비하는 경우가 많다. 그런 리더들은 자신이 왜 리더의 자리에 있는지 요구되는 임무가 무엇인지를 잊어버리고 있는 것 같다.

어쩌면 그들은 다른 사람들의 시선을 의식하거나 다른 리더들의 관행을 별다른 생각 없이 모방하는 어리석음을 범하고 있는지도 모른다. 심지어 어떤 리더들은 자신의 임무보다 권리를 더 중요하게 생각하는 것처럼 보이기도 한다. 이를테면 높은 급여, 넓은 업무 공간, 복리후생, 스톡옵션 같은 것들 말이다.

리더라는 직책을 생각할 때 당신은 어떤 것들이 머릿속에 떠오르는가? 리더로서 해야 할 임무가 생각나는가, 아니면 리더로서 누릴 수 있는 혜택이 생각나는가?

나는 직장 생활을 하면서 적지 않은 리더들이 회사를 키우고 발전시키기보다는 자신의 이익을 위해 회사를 이용하고 축내는 안타까운 모습을 보아왔다.

흔히들 거래처 접대와 직원 독려라는 미명 아래 자신의 것이라면 감히 상상할 수도 없는 돈을 술값과 유흥비로 지출하곤 한다. 자신의 돈이라면 그렇게 무분별하게 사용하지 않을 것이다. 접대비라는 명목아래 회사의 돈을 유용하는 관례들은 시급히 개선되어야 할 것들 중에 하나다.

회사를 위해 열심히 일하던 사람들도 리더가 된 후에는 그 동안 고생한 것에 대한 보상이라도 받으려는 듯한 모습을 보이기도 한다. 물론 리더에 대한 좋은 대우가 직원들의 승진 의욕을 고취하는 동기부여가 될 수도 있다. 하지만 그것보다는 리더로서의 중요한 임무를 더욱 열심히 해달라는 의미가 부여되었다고 생각한다.

그런 의미에서 요셉이 리더로서 보여준 행동은 우리에게 시사하는 바가 크다.

요셉은 총리로 임명받은 후 '곡식을 거둬들이며 창고를 지어 그것을 보관하고, 관리하는 일'에 전념했다. 사실 요셉이 이집트의 총리에 임명된 이유는 단순하다. 이집트 땅에 큰 풍년이 드는 7년 동안 곡식들을 거둬들여 창고에 잘 보관했다가, 7년간의 극심한 흉년을 버티기 위함이다. 파라오는 요셉이 그 일을 맡아 처리할 적임자라고 판단했다.

요셉은 이집트인도 아니었고 제대로 된 정규 교육을 받은 적도 없다. 더군다나 왕족도 아니었고 정복자나 힘 있는 명문 집안 사람도 아니었다. 더구나 그는 오랜 기간 동안 업무 능력을 검증받은 사람도 아니었다. 그렇다고 파라오와 전부터 잘 알고 지내던 사람도 아니었다. 단지 파라오의 이상한 꿈을 명쾌하게 해석해 준 젊은 히브리 노예 죄수에 불과했다.

그런 요셉이 리더가 되어서 큰 성과를 낼 수 있는 유일한 비결은 기본적이고 본질적인 임무, 즉 7년간의 큰 풍년 동안 곡식을 잘 거둬들여서 창고에 잘 보관했다가, 7년간의 큰 흉년에 적절히 나누어주는 것에 충실한 모습이다.

리더의 성공 비결은 생각보다 단순하다. 자신이 해야 하는 기본

적이고 본질적인 임무에 충실하면 되는 것이다.

1976년에 발간된 〈미국 국세청(Internal Revenue Service) 핸드북〉에는 미국 국세청의 존재 목적이 다음과 같이 기록되어 있다.

"적들의 공격으로 인해 발생한 국가 비상 사태의 경우 국세청의 기본적인 역할은 다음과 같다. 세금을 부과하고, 거둬들이고, 기록하는 것이다. (Assessing, collecting and recording taxes)"

이 얼마나 명확하고 단순한 임무의 정의인가!

자신이 해야 할 일이 무엇인지 명확하게 아는 사람은 어떤 비상시에도 우왕좌왕하지 않고 꼭 필요한 일을 수행할 수 있다. 요즘처럼 급변하는 환경 아래에서는 지금까지 경험하지 못한 새로운 상황들이 발생하기 마련이다. 따라서 자신의 창의력과 열정을 바탕으로 한 임기응변적인 대처가 요구된다. 즉 자신에게 주어진 임무를 명확히 아는 것이 중요하다.

리더들을 교육할 때 가장 중요한 것은 '세부적인 기술에 앞서 먼저 본질적인 임무에 대하여 명확하게 인식시키는 것'이다. 리더의 임무는 업종이나 조직의 성격에 따라 달라지겠지만 그 본질은 공통적으로 명확하고 단순하다. 예를 들어 보험업계 리더의 임무는 다음과 같다.

'훌륭한 보험컨설턴트들을 많이 스카우트하여 보험을 잘 가입

시킬 수 있도록 육성하고, 그들이 원하는 만큼 성공할 수 있도록 도와주는 일.'

보험컨설턴트들의 임무도 간단하다.

'유망고객을 소개받고 만남을 통하여 보험의 필요성을 인식시킨 후, 보험에 가입시켜 보장을 받도록 도와주는 일'이다.

요셉은 총리로 임명 받은 후 이집트를 두루 살피고 다녔다. 이집트 땅은 7년 동안 차고 넘치는 곡식을 거둬들였다. 요셉은 그 기간 동안 이집트에서 생산된 모든 양식을 거둬 여러 성에 쌓아두었다. 요셉은 바다의 모래처럼 어마어마하게 많은 곡식을 모았다. 성경은 "곡식의 양이 너무 많아서 그가 다 기록할 수도 없었다"라고 말한다.

7년의 큰 풍년 동안 이집트에서 생산된 양식 중, 5분의 1을 거둬들여 쌓아둔다는 것은 엄청난 일이었을 것이다. 보관 창고도 큰 규모로 지어야 했을 것이며, 그 크기도 어마어마 했을 것이다. 7년간 계속된 풍년 속에서 정말로 닥칠지 어떨지 모르는 7년간 흉년에 대비해 곡식을 쌓는 요셉의 모습이 얼마나 어리석게 보였을까?

주위의 비웃음과 비난도 많았을 것이고, 반대파나 정적들은 끊임없이 요셉을 모함하며 괴롭혔을 것이다. 쌓아놓은 곡식의 양이 바다의 모래처럼 어마어마하게 많아서 기록조차 못할 정도라면, '이제는 그만 거둬들여도 되지 않을까?' 하는 생각도 가질 수 있을 것이다.

또는 '곡식을 충분히 쌓아놓았으니 마음 놓고 즐겨도 되겠다'라고 방심하거나, 중간에서 부정을 저질러 조금씩 빼돌려도 표시 나지 않을 상황이었을 것이다. 그러나 요셉은 7년의 큰 풍년 동안 각 성에 창고를 짓고 생산된 양식의 5분의 1을 성실하게 거둬들여서 저장했다.

요셉이 곡식을 거둬들여 쌓아놓는 일에 얼마나 몰두했는지는 추후 형들과의 만남 과정을 이야기할 때 다시 살펴보기로 하자.

이집트 땅에 7년의 풍년이 끝나고, 드디어 7년의 흉년이 시작되었다. 다른 나라들 또한 흉년에 의한 굶주림으로 고통 받고 있었지만 이집트에는 모아놓은 식량이 있었다.

시간이 지나 이집트 땅에도 굶주림이 찾아오자 백성들은 식량을 구하며 파라오에게 부르짖었다. 그때 파라오는 모든 이집트 백성에게 "요셉에게 가서 그가 하라는 대로 하라"고 말한다. 요셉은 이미 흉년을 예상하고, 미리 대비해 온 터라 조금도 지체하지 않고 다음 임무를 수행해 나갔다.

흉년이 온 땅에 닥치자 요셉은 그 동안 굳게 닫혀 있던 창고를 열어 이집트 백성들에게 곡식을 팔기 시작했다. 온 땅에 내린 극심한 기근 속에서 이집트에만 먹을거리가 있었기 때문에 사람들은 곡식을 사러 요셉에게로 오게 되었다.

　이처럼 한 명의 리더가 본질적인 임무에 충실한 결과 이집트와 온 세상 사람을 구한 것이다.

　리더로서 당신의 본질적인 임무는 무엇인가? 사람들은 왜 당신을 리더로 선출했는가? 당신은 현재 본질적인 임무에 충실한가?

　자신의 본질적인 임무가 무엇인지 명확히 알고, 충실히 수행한다면 훌륭한 성과를 낼 수 있다. 그런 지도자는 죽음에 몰린 사람도 살려낸다.

02
공과 사의 구분을 분명히 하라

가끔 시골에 가보면 고등학교 정문이나 마을 입구에 내걸린 플래카드를 볼 수 있다. 대부분 그 학교 또는 마을 출신이 명문 대학에 합격했다거나, 자랑스러운 일을 했다고 알리는 내용이다.

당신이 자랑스러운 성과를 내거나 높은 지위에 올랐다면 제일 먼저 할 일은 무엇이겠는가? 모르긴 해도 사랑하는 가족들에게 가장 먼저 알리지 않겠는가? 기쁜 소식을 한시라도 빨리 가족들에게 알리고 싶은 것이 인지상정이다.

고향을 떠나 고생을 많이 한 사람들의 소원이 있다면, 크게 성공해 보란 듯이 고향으로 돌아가는 이른바 '금의환향'일 것이다. 만약 고향의 누군가로부터 서러움이나 멸시를 당한 경험이 있다면 더더욱 자랑하고 싶은 마음이 들 것이다. 고향에 남아 있는 가족들의 형편이 그리 넉넉지 못하고 자신의 소식을 잘못 알고 있거나 크게 걱정하고 있다면 더욱 마음이 급해질 것이다. 이집트의 총리가 된 요셉은 어떠했을까?

아버지의 편애 속에 귀한 채색 옷을 입으며 행복하게 지내던 요셉이었다. 심부름을 떠났던 17살의 어린 나이로 노예로 팔려가 13년 동안 노예 생활과 수감 기간을 보내면서, 그는 얼마나 아버지와 동생을 그리워했을 것인가?

"늙으신 아버지는 아직도 살아 계신지, 나의 소식에 대해서는 제대로 알고 계신지, 혹시 죽었다고 생각해서 병을 얻으신 것은 아닌지?" 등등 온갖 상상으로 하루하루를 보냈을 것이다. 그리고 무사히 아버지를 만날 수 있게 해달라고 날마다 간절히 기도했을 것이다. 그렇게 총애해주시던 아버지의 안부가 어찌 궁금하지 않을 수 있겠는가.

형들에 대해서는 어떤 마음이었을까? 미운 마음과 용서하고픈 생각이 수시로 교차했을 것이다. 만약 이 고통 가운데서 살아날 수만 있다면, 나중에 성공할 수만 있다면 형들에게 보란 듯이 건재하고 있음을 나타내고 싶지 않았을까?

내가 요셉이었다면 이집트의 총리로 임명받는 즉시 고향에 파발마를 보내 아직까지 살아 있는 것을 알리고 크게 성공했다고 자랑했을 것이다. 그리고 늙으신 아버님과 사랑하는 동생을 초청하여 좋은 집에서 호의호식하며 편안하게 살 수 있도록 했을 것이다.

'개천에서 용 났다'라는 속담이나, '가문의 영광'이라는 표현은 모두 한 사람의 성공을 통해 가문의 운명이 바뀌고, 영화를 누리게 된 것을 표현하는 말이다. 가난한 형제들이 힘을 모아 한 명의 머리 좋은 형제를 열심히 뒷바라지함으로써 출세를 하고, 그 형제가 나중에 가족을 부양하는 것은 우리에게 익숙한 이야기다.

가족 중 한 사람이 출세하면 그 가족의 고생이 끝나고 영화를 누리는 것이 어느 정도 일반적인 패턴으로 인식되었다. 따라서 권력자의 가족들이 온갖 부정과 스캔들에 연루되기 쉬운 것은 동서고금을 막론하고 공통적인 현상이다.

그렇다면 요셉은 자신이 이집트의 총리가 되었다는 사실을 가족들에게 언제 알렸을까? 결론부터 말하자면, 요셉은 자신의 소식을 가족들에게 알리지 않았다.

요셉이 가족들을 만나게 된 것은 온 땅에 기근이 너무 심해서 사람들이 굶주림에 지쳐가던 때였다. 야곱 또한 기근으로 고통 받고 있을 때, 이집트에 곡식이 있다는 말을 듣게 된 것이다. 야곱은 요셉의 형제들을 재촉하여 이집트로 곡식을 사러 보냈다. 형들이 이집트에 곡식을 사러 온 시기는 요셉이 총리로 임명받은 지 9년이나 지난 후였다. 요셉은 무려 9년 동안이나 자신의 소식을 가족들에게 전하지도 않고, 가족들의 소식을 알아보지도 않았다. 어쩌면 그럴 계획조차 없었던 것 아닐까 싶다.

요셉은 가족들과의 사사로운 정보다는 이집트의 멸망을 막기 위한 총리로서의 공적인 임무가 더 중요했다. 하루라도 더 빨리, 하나라도 더 많이, 조금이라도 더 효율적으로 곡식을 거둬 들여야 했다. 창고를 짓고 곡식을 저장해 관리하며 곡식을 배분하는 데 신경 쓰느라 가족들에 대한 생각을 차일피일 미루다 보니 어느덧 9년의 시간이 훌쩍 흘러버린 것이다.

요셉이 맏아들의 이름을 '잊게 하다'는 뜻인 므낫세로 지은 것을 보면 그는 아버지 집의 모든 일을 잊고 생활할 만큼 자신의 임무에 몰두했다. 가족들과의 사사로운 정을 무시할 정도로 공적인 임무에 충실했던 요셉이 얼마나 큰 업적을 이루었는지에 대해서는 뒤에서 다시 살펴보도록 하겠다. 요셉은 어느 누구보다 자신의 임무에 충실했다.

따라서 히브리 노예 출신의 깜짝 스타였음에도 불구하고 오랜 기간 동안 지위를 유지하며 선한 영향력을 끼칠 수 있었다. 이 사례가 우리에게 시사하는 바는 자못 크다 할 것이다. 보험업계에서는 컨설턴트들의 동기부여를 위해 각종 시상을 하는 판촉비를 지급한다. 그 판촉비는 전액 컨설턴트에게 분배하도록 규정되어 있다. 그러나 간혹 영업 실적이 좋아 승진이 유력한 영업관리자 중에서 판촉비의 일부를 개인적인 용도에 사용하다 문제가 되어 조직의 와해는 물론 중도 하차하게 되는 경우가 있다. 영업만 잘 되면 작은 금액 정도는 개인적으로 사용해도 괜찮을 것이라는 방심이 창창한 미래를 망치는 것이다. 리더의 개인적인 욕심에 따른 공사 구분의 모호함이 물의를 일으키고, 부정적인 스캔들을 불러일으켰다. 우리에게도 요셉처럼 공과 사를 분명히 구분하는 리더가 많아져야 할 것이다.

    공과 사를 구분하여 우선순위를 바르게 정하는 것이야말로 훌륭한 리더가 갖추어야 할 또 하나의 덕목이다.

03
용의주도함과 여유를 갖춰라

　　　　　　　　　　　그 땅의 모든 백성에게 곡식을
팔고 있던 요셉 앞에 어느 날 10명의 형들이 찾아와 얼굴을 땅에 대
고 절을 했다. 요셉은 곧바로 그들을 알아보았다. 헤어진 지 20년
이상 지났지만, 어제 헤어진 것처럼 생생하게 알아볼 수 있었다. 만
약 우리가 요셉과 같은 상황에 놓였다면 어떻게 반응했을까?
　자신이 그렇게 괴로워하는 것을 보면서도, 더구나 목숨을 구해
달라고 애걸복걸하는데도 냉정하게 거절하며 노예로 팔아넘긴 형
들이 바로 눈앞에 엎드려 있다면? 날마다 그리워하던 아버지와 동
생 베냐민의 소식을 알고 있는 형들이 찾아왔다면? "형들이 자기

앞에 엎드려 절한다는 꿈이 노예로 팔아버린 후에 어떻게 되나 보자"라고 비웃던 형들에게 그 꿈이 현실로 이루어진 모습을 보여줄 수 있는 상황이라면? 극심한 기근에서 굶주리고 있는 늙으신 아버지와 가족들을 한시라도 빨리 부양할 수 있는 상황이라면?

아마 대부분의 사람들은 즉각적으로 자신의 신분을 밝히고, 후속 조치들을 취했을 것이다.

마치 암행어사가 된 이몽룡처럼 "네 죄를 네가 알렸다"라고 호통을 치거나, "형들은 나를 팔았지만 나는 기어코 성공했고, 이제 내 꿈이 이루어졌으니 넓은 마음으로 용서한다"는 멋진 멘트와 함께 아버지와 가족들을 만나 하루속히 해피엔딩으로 마무리하는 것 등 말이다. 그러나 요셉은 즉흥적으로 반응하지 않았다. 오히려 상당한 여유를 가지고 특별한 상황을 치밀하게 연출한다. 어떻게 보면 낭만적이라 할 수도 있고, 짓궂다는 생각도 든다. 마치 특별한 목적을 가지고 몰래 카메라를 찍고 있는 것처럼….

요셉과 형들의 만남 과정 중에 나타나는 각각의 태도와 심리 상태의 변화를 분석해 보고자 조금 길더라도 성경에 실린 내용을 소개한다.

요셉은 형들을 보자 바로 그들을 알아보았다.
그러나 요셉은 형제들을 모르는 척하며 매몰차게 대한다.

요셉이 엄한 목소리로 "너희는 어디에서 왔느냐?"라고 묻자, 요셉을 알아보지 못한 형들은 "양식을 사러 가나안 땅에서 왔습니다"라고 대답했다.

요셉은 전에 자기가 그들에 관해 꾸었던 꿈을 생각하며 말한다.

"너희는 정탐꾼들이다. 너희는 우리 땅에서 허술한 곳이 어딘지를 살피러 온 것이다."

요셉은 그들을 간첩으로 몰고 있다. 예나 지금이나 간첩은 죽음을 면치 못하기 때문에 요셉의 형들이 얼마나 놀랐을지 쉽게 상상할 수 있다. 아버지의 명령으로 이집트에 양식을 구하러 왔다가 간첩으로 몰려 억울한 떼죽음을 당하게 되었으니 얼마나 당황하고 불안했을까? 혼비백산한 형들은 자신들의 무고함을 주장하기 위해 가족 관계를 이야기한다.

"주의 종들은 12형제입니다. 저희는 가나안 땅에 살고 있는 한 사람의 아들입니다. 막내는 지금 아버지와 함께 있고, 또 하나는 없어졌습니다."

형들의 대답을 통해 아버지와 동생이 무사한 것을 확인한 요셉은 안도의 한숨을 쉬었을 것이다. 그러나 요셉은 거기서 멈추지 않고, 보다 집요하게 형들을 몰아붙인다.

"12형제 중에서 막내 동생은 집에 있고, 또 하나는 없어져서 10명만 왔다고? 내가 '너희는 정탐꾼들이다'라고 말한 것은 바로 이 때문이다. 그러면 너희 말이 정말인지 시험해 보겠다. 파라오의 살아계심을 걸고 맹세하지만 너희 막내가 여기 오지 않는 한 너희가 이곳에서 빠져나가지 못할 것이다. 너희 가운데 하나를 보내 그 막내 동생을 내게 데려오라. 그 동안 나머지 사람들은 갇혀 있게 될 것이다. 너희 말이 진실인지 시험해 보도록 하겠다. 만약 진실이 아니라면 파라오의 살아계심을 걸고 맹세하지만 너희는 정탐꾼들임에 틀림없다."

그러고 나서 요셉은 형제들을 3일 동안 가둬놓았다. 감옥에 갇혀 있는 3일 동안 형들은 두려움 속에서 어떤 생각을 했을까? 또한 요셉은 끓어오르는 혈육 간의 정을 억제하느라 어떻게 밤을 지새웠을까?

요셉은 이미 형들을 용서했지만, 그들의 잘못에 대해서는 본인들이 뼈저리게 통감하며 뉘우치기를 원했던 것 같다. 사람은 사랑하지만 죄와 잘못에 대해서는 진정한 뉘우침이 있어야 앞으로 좋은 관계를 유지할 수 있기 때문이다. 죄가 남아 있는 한 온전한 관계는 불가능하다.

그러므로 훌륭한 리더라면 잘못을 저지른 조직원에 대해서는 마음이 아프더라도 상대방이 깨달을 수 있도록 사랑으로 징계하는 용기가 있어야 한다. 마치 사랑하는 아들의 종아리를 울면서 때리는 어머니처럼….

3일 만에 요셉은 형제들을 불러서 이렇게 말했다.

"너희가 이렇게 하면 살게 될 것이다. 나는 하나님을 경외하는 사람이다. 너희가 만약 정탐꾼이 아니라 정직한 사람들이라면 너희 형제들 가운데 하나가 여기 감옥에 남고, 나머지는 흉년 때문에 굶고 있는 너희 집안 식구들을 위해 곡식을 갖고 돌아가라. 그러나 너희는 막내를 내게 데려와야 한다. 그래야만 너희 말이 진실이라는 게 증명되고 너희가 죽지 않게 될 것이다."

자칫하면 다같이 죽게 될 뻔한 상황에서 한 명만 남고, 최소한 9명은 돌아갈 수 있는 기회가 생긴 것은 형들에게 희소식이었을 게 분명하다. 그것도 이집트 총리 스스로가 하나님을 경외하는 사람이라고 말하면서 집안 식구들을 위해 곡식까지 준다고 하니 얼마나 반가운 일인가. 형들은 주저 없이 그렇게 하겠노라 결정하고 서로 이야기한다.

"정말로 우리가 동생 때문에 벌을 받고 있구나. 그가 그렇게 괴로워하는 것을 보고, 또 그가 목숨을 구해달라고 우리에게 사정을 할 때 듣지 않아서 우리가 이런 괴로움을 당하는 것이다."

맏형인 르우벤이 동생들에게 말했다.

"그것 봐라. 내가 '그 아이에게 죄를 짓지 말라'고 했는데도 너희가 내 말을 듣지 않더니 이제 우리가 그 피 값을 치르게 됐다."

통역관을 통해 이야기를 하고 있었기 때문에 그들은 요셉이 자신들의 말을 알아들으리라고는 생각하지 못했다. 요셉은 형들의 말을 듣고 마음이 아파서 물러나와 울음을 터뜨린다. 한참을 울고 난 요셉은 다시 형제들에게 돌아가 시므온을 골라내어 그들이 보는 앞에서 묶어 감옥에 처넣었다. 그리고 요셉은 종들을 시켜 형제들의 자루를 곡식으로 채우되, 돈을 각자의 자루에 도로 넣어주며 여행에 필요한 음식들도 따로 주라고 명령했다. 형제들은 나귀에 곡식을 싣고 무거운 마음으로 그곳을 떠났다.

그들 가운데 하나가 여관에서 나귀에게 먹이를 주려고 자루를 여는 순간 자기 돈이 그대로 들어 있는 것을 발견했다. 깜짝 놀란 그가 형제들에게 소리친다.

"내 돈이 도로 돌아왔다. 여기 내 자루 속에 돈이 들어 있어!"

그러자 그들의 마음이 철렁 내려앉으며 놀라 서로에게 말한다.

"돈이 도로 돌아와서 자루 속에 있다니! 이제 우리는 꼼짝없이 정탐꾼으로 몰리게 되었구나. 도대체 하나님께서 우리에게 왜 이런 일을 행하셨을까?"

요셉의 형들이 일련의 사건을 겪으면서, 옛날 요셉에게 행한 죄에 대해 철저하게 뉘우쳤을 것은 쉽게 상상할 수 있다. 이렇듯 요셉은 혈육 간의 정 때문에 마음이 아파 눈물을 흘리면서까지, 또 사랑하는 아버지와의 만남을 뒤로 미루면서까지 형들에게 뉘우칠 기회를 제공했다.

아들들로부터 자초지종을 전해들은 아버지 야곱은 막내 베냐민을 데려가야만 정탐꾼의 누명을 벗고 시므온을 데려올 수 있다는 말에 낙심한다. 게다가 아들들의 모든 자루마다 돈 꾸러미가 들어 있는 것을 확인한 야곱은 겁에 질려 탄식한다.

"너희가 내 자식들을 빼앗아가는구나. 요셉이 없어지더니 시므온도 없어지고, 이제는 베냐민마저 데려가려 하는구나. 너희 모두가 나를 괴롭히는구나."

르우벤이 야곱에게 자신의 두 아들의 목숨을 담보하겠다고 말하지만, 야곱은 절대로 베냐민을 내줄 수 없다고 거절한다.

이후 모두에게 피를 말리는 시간이 흐른다. 요셉에게는 사랑하는 아버지와 동생 베냐민을 보게 될 날을 기다리는 시간이, 시므온에게는 언제 죽을지도 모르는 감옥에서 석방되기를 기다리는 시간이, 형제들과 시므온의 가족들에게는 시므온이 살아 돌아오기를 기다리는 시간이 흘러간다. 아버지 야곱의 마음속에도 아들 시므온이 정탐꾼으로 몰려 죽임을 당할지 모른다는 불안감이 엄습했다.

그 땅에 기근이 더 심해져서 이집트에서 가져온 곡식을 다 먹고 나자 야곱은 다시 한번 양식을 사오라고 아들들에게 말했다. 그러자 이번에는 유다가 아버지에게 말한다.

"그 사람이 저희에게 단호하게 말하기를 '만약 너희 동생이 너희와 함께 오지 아니하면 너희가 다시는 나를 보지 못할 것이다'라고 했습니다. 아버지께서 만약 막내를 저희와 함께 보내신다면 저희가 내려가서 아버지를 위해 양식을 사오겠습니다. 그러나 베냐민을 보내지 않으시겠다면 저희도 내려가지 않겠습니다."

할말이 없어진 야곱은 아들들을 원망한다.

"왜 그 사람에게 동생이 있다는 말을 해서 나를 곤란하게 만드느냐?"

"그 사람이 저희와 저희의 가족 사항을 자세히 물어봤습니다. 그가 '너희 아버지가 아직 살아계시냐? 너희에게 다른 형제가 있느냐?'라고 해서 저희는 그저 묻는 대로 대답했을 뿐입니다. 그가 '너희 동생을 데려오라'고 할 줄 어떻게 알았겠습니까?"

유다가 자신이 책임지고 베냐민을 데려오겠다고 장담하며, 늑장을 부리지 않았다면 벌써 두 번은 갔다 왔을 것이라고 재촉하자 야곱은 할 수 없이 베냐민을 보내기로 허락한다.

"네 동생 베냐민도 데리고 떠나 다시 그 사람에게로 가라. 전능하신 하나님께서 너희로 그 사람 앞에서 긍휼을 입게 하셔서 너희의 다른 형제 시므온과 베냐민을 돌아오게 하기를 바란다. 그러나 내가 자식들을 잃어야 된다면 잃을 수밖에 없다."

야곱이 아들들 간의 편애를 버리고 마음을 비우자 큰 축복의 계기가 마련된 것이다.
요셉의 치밀함과 여유가 형제들은 물론, 아버지까지 변화시키고 있음을 알 수 있다. 만약 야곱이 마음을 비우지 못한 상황에서 요셉을 만났다면, 요셉을 팔아버리고도 그가 죽었다고 거짓말을 한 다른 아들들에 대한 분노 때문에 죽는 날까지 결코 평화를 누리지 못했을 것이다.

사랑하는 동생 베냐민이 형들과 함께 온 것을 본 요셉은 형제들을 집으로 초대했다. 땅에 엎드려 절하는 형제들에게 요셉은 "너희가 말했던 너희의 늙은 아버지는 어떠하시냐? 그분께서 아직 살아 계시냐?"라고 물었다. 그리고 자기 어머니의 아들인 베냐민을 보고 "이 아이가 너희가 말했던 그 막내냐? 아이야, 하나님께서 네게 은혜 베푸시기를 바란다"고 말하고는 서둘러 밖으로 나간다. 자기 동생을 보자 애틋한 마음이 불타올랐기 때문이다. 요셉은 자기 방으로 들어가 울고 나서, 마음을 진정시키고 나온다.

조직원들을 선도하기 위해 사사로운 감정을 억제하며 혼자 몰래 우는 것이 참된 리더의 아픔인지도 모르겠다.

요셉은 식탁의 자리 순서를 형제의 순서대로 배정하여 형제들을 놀라게 하고, 음식을 나눠 줄 때 베냐민에게는 다른 사람들보다 다섯 배를 더 주었다. 그들은 요셉의 환대에 안도하며, 즐겁게 음식을 먹고 마셨다.

드디어 다음날 아침, 조마조마했던 시간이 지나 자루에 곡식을 가득 실은 나귀를 이끌고 모든 형제가 무사히 집을 향해 떠나게 되었을 때 형제들은 안도했다. 그러나 요셉은 마지막 비장의 카드를 준비해 놓고 있었다. 형제들이 성을 벗어나 그리 멀리 가지 못했을 때 요셉의 집 관리인이 그들을 쫓아와 따라잡고 말했다.

"너희가 왜 선을 악으로 갚았느냐? 내 주인이 마시는 데 쓸 뿐 아니라 점을 칠 때에도 쓰는 은잔을 훔쳐 도망가느냐?"

황당한 누명을 쓴 형제들은 자신 있게 큰소리쳤다.

"내 주께서는 왜 그런 말씀을 하십니까? 저희는 절대 그런 짓을 하지 않았습니다. 저희가 저희 자루의 입구에서 발견한 돈도 가나안 땅에서 다시 갖다 드렸습니다. 그런데 저희가 어떻게 관리인님의 주인집에서 은이나 금을 훔쳤겠습니까? 만약 주의 종들 가운데 어느 누가 그것을 가지고 있다는 것이 밝혀지면 그는 죽어 마땅할 것입니다. 그리고 저희도 내 주의 종이 될 것입니다."

그러나 형들의 예상과는 달리, 관리인이 요셉의 명령을 받아 넣어두었던 베냐민의 자루에서 은잔이 발견되자 형제들은 자기 옷들을 찢으며 슬퍼했다. 그들은 나귀에 짐을 싣고, 성으로 되돌아가 요셉 앞에서 땅에 엎드렸다. 요셉이 그들에게 말했다.

"너희들은 도대체 무슨 짓을 한 거냐? 너희들은 나 같은 사람이 그것으로 항상 점을 친다는 것을 모르느냐?"

이에 유다가 형제들을 대표하여 이야기했다.

"우리가 내 주께 무슨 말을 할 수 있겠습니까? 우리가 무슨 말을 하겠으며, 우리의 결백을 어떻게 증명하겠습니까? 하나님께서 주의 종들의 죄악을 밝히셨으니 이제 우리와 그 잔을 가진 것으로 드러난 사람은 다 내 주의 종입니다."

오래 전에 요셉이 죄도 없이 종으로 팔려가며 느낀 억울하고 답답한 심정을 형제들도 실감하는 순간이다.

그러나 요셉은 형제들 중에서 베냐민 한 사람만 남고, 나머지는 아버지에게 편안히 돌아가라고 명령했다. 아마도 이 명령이 형제들에게는 마지막 시험 관문이었던 것 같다. 요셉은 형들이 자신들이라도 살기 위해 아버지가 편애하는 베냐민을 남기고 돌아갈지, 아니면 요셉의 일에 대한 철저한 회개의 결과로 함께 책임지려 할지를 확인하고 싶었던 것이다.

이때 유다가 감동적인 최후 진술을 한다.

"내 주여, 제발 내 주께 주의 종이 한마디만 할 수 있게 해주시고, 주의 종에게 화를 내지 마십시오. 주께서는 파라오와 같으신 분입니다. 내 주께서 이 종들에게 '너희에게 아버지나 형제들이 있느냐'고 물으시기에 저희가 '나이 든 아버지와 그 노년에 난 막내아들이 하나 있는데 그 형은 죽었고, 그 어머니의 아들은 하나밖에 남지 않아서 아버지께서 그를 사랑하십니다'라고 대답했습니다. 그러자 주께서는 종들에게, '내가 직접 그 아이를 보도록 내게 데리고 내려오라'고 하셨습니다. 그래서 저희가 내 주께 '그 아이는 아버지를 떠날 수가 없습니다. 그가 아버지를 떠나면 아버지께서 돌아가십니다'라고 말씀 드렸습니다. 그런데 주께서는 종들에게 '너희 막내 동생이 너희와 함께 내려오지 않으면 너희가 다시는 내 얼굴을 보지 못할 것이다'라고 말씀 하셨습니다.

그래서 저희가 주의 종, 곧 제 아버지께 돌아가서 내 주께서 하신 말씀을 전했습니다. 그 후 저희 아버지께서 '다시 가서 양식을 좀 더 사 오라'고 하셨습니다. 저희는 '못 내려갑니다. 다만 저희 막내 동생이 저희와 함께 간다면 가겠습니다. 막내 동생이 저희와 함께 가지 않으면 저희가 그 분의 얼굴을 볼 수 없기 때문입니다'라고 말씀 드렸습니다. 그러자 제 아버지께서 저희에게 말씀하셨습니다. '너희도 알듯이 내 아내가 내게 두 아들을 낳아주었다. 그런데 그 가운데 하나는 내게서 떠났다. 내가 생각하기에 그는 분명히 갈기갈기 찢겨 죽었을 것이다. 그 후로 나는 지금까지 그 아이를 다시 볼 수 없었다. 그런데 너희가 이 아이까지 내게서 데려갔다가 혹시라도 그가 해를 입는다면 너희는 흰머리가 난 나를 슬픔 가운데 죽게 만들 것이다'라고 하셨습니다.

그러니 만약 제가 아버지께 돌아갔을 때 이 아이가 저희와 함께 있지 않는다면 돌아가시고 말 것입니다. 종들이 곧 제 아버지를 흰머리로 슬픔 가운데 죽게 만드는 것입니다. 주의 종이 제 아버지께

이 아이를 책임지겠다고 하면서 '제가 만약 그를 아버지께 데려오지 못하면 제가 평생토록 아버지 앞에서 그 비난을 다 받겠습니다'라고 말했습니다. 그러니 제발 이 아이 대신 이 종이 내 주의 종으로 남게 하시고, 이 아이는 형들과 함께 고향으로 돌아가게 해주십시오. 이 아이와 함께 하지 않는다면 제가 어떻게 아버지께 돌아갈 수 있겠습니까? 그럴 수 없습니다. 저는 제 아버지께서 불행한 일을 당하시는 것을 차마 볼 수가 없습니다."

이 얼마나 아름다운 고백인가?
요셉이 의도했던 대로 형들은 지금 자신들의 목숨이 달려 있는 상황에서 전과는 전혀 다른 모습, 즉 아버지의 일방적인 편애에도 불구하고 이복형제를 위해 자신들이 희생하려는 우애를 보여주고 있는 것이다.
요셉은 더 이상 자신을 억제하지 못하고 소리쳤다.
"모두 내 앞에서 물러가라."
그의 곁에 아무도 없게 되자 요셉은 자기 형들에게 자신이 누구인지를 밝히고, 파라오의 궁정에서도 들릴 만큼 큰소리로 울음을 터뜨렸다. 형들이 진정으로 뉘우친 것을 확인하고, 기쁨과 감격의 눈물을 흘린 것이다.
이처럼 조직원들의 잘못을 바로 잡아주고, 향후 더욱 확고한 팀워크를 가능케 하는 의미 있는 리더가 되어야 할 것이다. 상황에 감정적으로 대응하지 않고, 치밀함과 여유를 가지고 잘못한 사람들이 스스로 깨달을 수 있는 환경을 조성하며 기다려주는 리더, 얼마나 멋진 모습인가.

04
용서를 통해 화합을 도모하라

이집트의 총리가 다름 아닌 자신들이 노예로 팔아 넘겼던 요셉이라는 사실을 알게 된 형들은 얼마나 놀랐을 것인가?

"그래서 그 동안 우리에게 이토록 매몰차고 모질게 대했구나", "자기 어머니의 동생 베냐민을 데려오게 하려고 우리를 지금까지 살려둔 것이었구나", "이제 베냐민이 왔으니 우리는 이용 가치가 없어져 곧 죽임을 당하겠구나" 등등 많은 생각이 스쳐 지나갔을 것이다.

직장 생활을 하다 보면 마음에 들지 않거나, 자신을 유독 힘들게 하는 사람을 만나게 된다. 특히 내가 인정하지 못하는 사람이 배경이나 직위를 이용해 거들먹거리거나, 피해라도 끼칠 때는 "나중에 내가 높은 자리에 올라가면 꼭 손을 보아주겠다"라고 다짐하는 경우가 많다. 만약 그런 결심이 순수하게 회사를 위한 것이라면 다행이지만, 대부분은 감정으로 대응하기 마련이다.

실제로 많은 회사에서 CEO들이 바뀌면 평소 그의 반대편에 섰던 사람들이 대거 물러나고, 새 리더를 지지하는 사람들이 중용되는 사례가 발생한다. 특히 CEO의 자리에 오르기까지 고생과 설움을 많이 당한 사람일수록 반대편 사람들을 손봐주거나, 자기편 사람들에게 은혜를 갚는 차원의 인사 단행을 빈번히 한다. 우리나라는 본디 한이 많은 민족이다. 옛날부터 생사를 걸고 당파 싸움을 해왔던 영향인지는 몰라도, 리더의 교체에 따라 지지 세력들도 동반하여 등용과 몰락을 반복하는 경향이 있다. 개인의 능력보다는 내편인지 아닌지를 더 중요시한다는 것은 회사의 발전은 물론, 인재 활용 차원에서도 득 될 게 없는 안타까운 현상이다.

새로운 리더와 기존에 있던 구성원들 사이에 문제가 있거나, 더 유능한 인재가 있다면 모르겠지만 리더와 코드가 맞느니 안 맞느니 하는 용어가 사용된다는 것 자체가 바람직하지 않은 것이다.

"그 회사에서 성공하려면 어느 대학을 나와야 한다"라거나, "누구에게 잘 보여야만 성공하고 누구에게 밉보이면 밀려난다"라는 소문이 있는 회사라면 결코 발전하기 힘들다. 그런 회사의 CEO는 직원들로부터 지지와 존경을 받기 어려울 것이다. 리더와의 계보나 줄서기에 관계없이 승진할 수 있고, 사사로운 감정에 상관없이 능력에 따라 기용되며, 실수가 용납될 수 있는 곳이 좋은 회사임에 틀림없다. 그런 의미에서 요셉이 리더로서 형들에게 보여준 용서와 화합은 우리에게 시사하는 바가 크다. 두려움에 떨고 있는 형들에게 요셉은 이렇게 말했다.

"제가 형님들이 이집트에 팔아버린 동생 요셉입니다. 하지만 형님들이 저를 이곳에 팔았다고 해서 근심하거나 자책하지 마십시오. 이는 하나님께서 생명을 구하시려고 저를 형님들보다 먼저 여기로 보내신 것이기 때문입니다. 지금까지 2년 동안 이 땅에 흉년이 들었지만, 앞으로도 5년 동안 밭을 갈지도 못하고 추수도 하지 못합니다. 그러나 이 땅에서 형님들의 자손들을 보존하시고, 큰 구원을 베푸셔서 형님들의 목숨을 살리려고 하나님께서 미리 저를 보내신 것입니다. 저를 여기에 보내신 분은 형님들이 아니라 하나님이십니다. 하나님께서 저를 파라오의 아버지와 그의 온 집의 주인과 이집트 온 땅의 통치자로 삼으셨습니다."

그러고 나서 요셉은 동생 베냐민의 목을 끌어안고 울었으며, 모든 형제에게 입을 맞추고 뜨거운 눈물을 흘렸다. 그제야 비로소 안심을 하게 된 형들이 요셉과 이야기를 시작했다.

우리 역사에서 흔히 보듯 '원수의 3대를 멸한다'는 이야기나, '비록 용서는 하지만 경고 차원에서라도 손을 단단히 봐준다'라는 이야기와는 차원이 다르다. 요셉은 형들을 용서하는 데 그치지 않고, 그들을 향해 근심하거나 자책하지 말라고 위로한다. 용서와 함께 그들 마음의 두려움과 상처까지도 치유해 준 것이다.

그렇다. 리더가 된다는 것은 내게 상처를 준 사람들에게 복수하거나, 과거를 청산하기 위함이 아니다. 바로 그 사람들을 살리라고 부름받은 것이다.

세월이 흘러서 야곱이 세상을 떠나자 형들은 요셉이 자신들이 행한 잘못에 대해 원한을 품고 앙갚음을 할까 두려워하여 요셉에게 이런 전갈을 보냈다.

"아우님의 아버지께서 돌아가시기 전에 '정말 간절히 부탁한다. 비록 네 형제들이 네게 악을 행했어도 너는 네 형제들의 죄와 허물을 다 용서해 주어라'고 하셨습니다. 그러니 아우님, 아버지의 종들, 하나님의 종들이 지은 죄를 제발 용서해 주십시오."

요셉은 이 말을 듣고 울었다.

그때 형제들이 와서 그의 앞에 엎드리면서 말했다.

"보십시오. 우리는 아우님의 종입니다."

요셉은 두려워하는 형제들을 안심시키며 부드럽게 말했다.

"두려워하지 마십시오. 제가 하나님을 대신하겠습니까? 형님들은 저를 해치려고 악을 꾀했지만 하나님께서는 지금 보시는 것처럼 그것을 선하게 바꾸셔서 오늘날 많은 사람들의 생명을 구하셨습니다. 그러니 두려워 마십시오. 제가 형님들과 형님들의 자식들을 기르겠습니다."

요셉은 다시 한번 형제들을 용서하며 위하는 모습을 보여주었다.

잘못을 진심으로 용서하지 못하는 리더, 조직원들을 사랑하지 못하는 리더, 사람들을 살리지 못하고 오히려 소진시키는 리더는 참된 리더가 아니다.

05
탁월한 성과를 내고 복을 나누어주라

우리가 훌륭한 리더에 대해 이야기하고, 효과적인 리더십 기술에 대해 연구하는 이유는 무엇일까? 그것은 좋은 리더십을 통해 더욱 커다란 성과를 얻고자 함일 것이다. 리더의 인격이나 리더십의 기술이 아무리 좋다 해도 성과가 뒷받침되지 못한다면 아무 소용없다. 결국 훌륭한 리더란 훌륭한 성과로 평가되는 것이기 때문이다. 그렇다고 해서 단기적인 성과를 위해 지나친 강제와 독려로 조직의 문화와 토양을 산성화시키는 것까지 용납된다는 의미가 아니다. 그런데 우리 주위에는 그런 리더가 너무 많다.

참된 리더는 단기적인 성과에 급급하지 않는다. 대신 자신의 탁월한 리더십을 십분 발휘함으로써 장기적이면서도 탁월한 성과를 도모한다. 그런 리더는 재임시에는 물론이고 자리에서 떠난 후에도 조직이 더 좋은 성과를 지속적으로 내도록 만들기 위해 노력한다.

그렇다면 요셉이 보여준 리더로서의 성과는 어떠했을까? 한마디로 기대보다 훨씬 넘치는 탁월한 성과를 보여주었다. 애당초 파라오가 요셉을 이집트의 총리로 발탁한 이유는 7년간의 대기근을 무사히 넘겨 이집트가 망하지 않고 계속 유지하기 위함이었다.

요셉의 기본 임무는 7년의 대풍년 동안 곡식을 거둬들여서 잘 보관한 후 7년의 대흉년에 활용하여 이집트의 명맥을 유지하는 것이다. 하지만 요셉은 기본 업무를 훌쩍 넘어 이집트의 모든 백성과 가축 및 땅의 소유주를 파라오로 바꾸어 놓았다. 더불어 이집트 백성들이 파라오의 땅에 농사를 지어서 매년 추수한 것의 5분의 1을 소작료로 납부하도록 만들었다. 정황상 주변 국가들의 보물과 재물들이 이집트 국고로 몰린 것은 두말할 필요도 없다. 이와 관련해 성경에 기록된 내용을 살펴보자.

그 후에 기근이 더욱 심해져 온 땅에 먹을 것이 없었다. 이집트 땅과 가나안 땅은 기근으로 많은 고통을 겪게 되었다. 요셉은 곡식을 팔아 이집트 땅과 가나안 땅에 있는 모든 돈을 거둬들여 파라오의 궁으로 가져갔다. 이집트 땅과 가나안 땅의 돈이 다 떨어지자, 이집트 사람들이 모두 요셉에게 와서 말했다.

"저희에게 양식을 주십시오. 돈이 떨어졌다고 해서 주의 눈앞에서 죽을 수는 없지 않습니까?"

요셉이 말했다.

"그러면 너희 가축들을 가져오너라. 너희 돈이 다 떨어졌다면 대신에 가축을 받고 양식을 팔겠다."

이에 사람들은 요셉에게 자신의 가축들을 가져갔다. 요셉은 그들의 말들과 양떼, 소떼와 나귀를 받고 양식을 주었다. 그 해 동안 요셉은 그들의 모든 가축을 받고 양식을 제공하였다. 다음 해가 되자 그들이 다시 요셉에게 와서 말했다.

"저희가 주 앞에 숨기지 않겠습니다. 저희는 돈이 다 떨어졌고, 가축들이 모두 주의 것이 되었습니다. 이제 주께 드릴 것은 저희 몸과 땅밖에 없습니다. 저희가 주의 눈앞에서 저희와 저희 땅이 함께 망할 수는 없지 않겠습니까? 양식 대신에 저희와 저희의 땅을 사십시오. 저희가 저희 땅과 더불어 파라오의 종이 될 것입니다. 씨앗을 주시면 저희가 죽지 않고 살게 될 것이며 땅도 황폐해지지 않을 것입니다."

그렇게 해서 요셉은 파라오를 위해 이집트의 모든 땅을 다 사들였다. 기근이 워낙 심해서 이집트 사람들이 모두 자기 땅을 팔았기 때문이다. 이렇게 해서 그 땅이 파라오의 것이 되었다.

요셉은 이집트의 이쪽 끝에서 저쪽 끝까지 모든 사람들을 종으로 만들었다. 요셉이 백성들에게 말했다.

"이제 내가 파라오를 위해 너희 몸과 너희 땅을 샀다. 씨앗이 여기 있으니 땅에 뿌리도록 하라. 추수를 하게 되면 그 중 5분의 1은 파라오께 바치라. 나머지 5분의 4는 너희 밭에 뿌릴 씨와 너희와 너희 집안 식구들과 자식들이 먹을 양식으로 삼으라."

그들이 말했다.

"주께서 저희 목숨을 구해주셨습니다. 저희가 주께 은혜를 입어 파라오의 종이 되게 해주십시오."

이렇게 요셉은 오늘날까지도 효력이 있는 이집트의 토지법을 제정했다. 그것은 이집트 땅에서 나는 모든 것의 5분의 1이 파라오에게 속한다는 것이다.

요셉은 7년의 대풍년 동안 묵묵히 성실하게 곡식을 충분히 저장한 대가로 7년의 대기근에서 이집트와 주변국을 구원했을 뿐 아니라, 이집트의 토지제도까지 바꾸어놓았다.

그런 면에서 요셉을 이집트의 총리로 기용한 파라오는 얼마나 복 받은 존재인가? 이집트의 모든 백성을 7년 대기근에서 보호한 것은 물론, 이집트의 전 백성과 토지가 파라오의 소유가 되었고, 이후로도 추수한 곡식의 5분의 1을 계속 거둬들이게 되었으니 가히 절대 왕권을 확보하게 된 것이 아닌가?

이처럼 훌륭한 리더는 자신을 리더로 세워준 사람들이 복을 받도록 하는 복의 근원이 되어야 한다. 리더가 됨으로써 자신만 복 받는 것이 아니라 다른 사람들도 복을 받게 만들어주어야 하는 것이다. 사실 요셉은 노예 시절에도 복의 근원이 되는 삶을 살았다. 경호대장 보디발이 요셉을 샀을 때에 요셉이 복의 근원이 되었음을 성경은 다음과 같이 기록하고 있다.

하나님께서 요셉과 함께 하시므로 요셉이 형통하게 되었고, 요셉의 주인은 하나님께서 그와 함께 하시고 그가 하는 일마다 하나님께서 잘되게 해 주시는 것을 보았다. 주인이 요셉에게 자기 집안 일과 자기가 가진 것을 다 맡긴 때부터 하나님께서 요셉 때문에 그 이집트 사람의 집에 복을 내리셨다. 하나님의 복이 집안에 있는 것에나 들에 있는 것이나 보디발이 가진 모든 것에 내렸다. 그래서 그는 모든 것을 요셉에게 맡겨 두고 자기가 먹는 것 외에는 아무 것도 신경 쓰지 않았다.

또한 요셉은 감옥에 갇혀서도 복의 근원이 되었음을 성경은 기록하고 있다.

하나님께서 요셉과 함께 하셨고 그에게 자비를 베푸셔서 간수의 마음에 들게 하셨다. 간수는 요셉에게 감옥에 있는 모든 사람들과 거기에서 이루어지는 모든 일들을 맡겼다. 간수는 요셉이 맡은 모든 것에 대해 조금도 간섭하지 않았다. 이는 하나님께서 요셉과 함께 하셔서 그가 하는 일마다 형통하게 하셨기 때문이다.

보험회사에서 리더들을 평가할 때 흔히 '지장(知將)', '용장(勇將)', '덕장(德將)' 등의 스타일로 분류하지만, 가장 좋은 지도자는 '복장(福將)'이라고 농담 삼아 이야기한다. 일전에 일본생명에서 정년퇴임하여 삼성생명 고문으로 일하던 분의 이야기를 소개 한다.

일본생명에서는 신입사원을 채용할 때 우리나라처럼 성적순으로만 채용하지 않는다고 한다. 3분의 1 정도는 성적순으로 채용하고 나머지 3분의 1은 운동선수 출신 등 체력이 강한 사람들로 채용한다. 나머지 3분의 1은 평소 복이 많은 사람들, 즉 운이 좋아서 자신이 속한 팀이 좋은 성과를 거둔다든지 하는 이들로 채용한다는 것이다. 이렇게 인재들을 채용하면 평소에는 성적이 좋은 사람들이 회사를 이끌어나가고, 회사의 비상 사태가 발생하면 체력이 강한 사람들이 회사를 지켜내며, 새로운 사업이나 타사와의 경쟁입찰 등에는 복이 많은 사람들을 내세워 그 일을 성취시킨다는 것이다.

  그분의 말이 어디까지가 사실이고 어디까지가 과장인지 모르겠으나 꽤 일리 있다고 생각한다. 전체 조직에 복을 제공해 주는 리더, 나아가 유쾌함과 행복을 제공해 주는 리더가 될 수 있도록 노력하라.

06
늘 깨어 있으라

요셉이 다른 리더들과 확연히 구분되는 이유는 꿈 풀이를 하여, 일어날 일을 예견했다는 점이다. 요셉은 우리가 이미 살펴본 것처럼 술 맡은 신하의 꿈과 파라오의 꿈을 정확하게 풀이해 주었다. 또 그는 파라오가 자신의 형제들에게 양을 기르기에 적합한 고센 지역을 하사하리라는 것을 예견했다. 그래서 형제들 중 대표자를 선발하여 파라오 앞에 가서 할 말을 미리 일러주는 치밀함을 보였다. 요셉이 하는 일마다 막힘없이 형통할 수 있었던 것은 사람의 마음을 읽을 수 있는 능력 때문이었을 것이다.

또한 요셉은 자신이 살아 있는 동안이나 지금의 왕조가 지속될 때까지는 이스라엘 민족이 편히 생활하겠지만, 자신이 죽고 왕조가 바뀌면 핍박을 받아 고생하다가 결국 이집트를 탈출해 고향인 가나안 땅으로 돌아가게 되리라는 것도 예견했다. 이스라엘 민족이 고향으로 돌아갈 때 반드시 자신의 뼈를 가지고 가서 그리운 고향 땅에 묻어줄 것을 부탁한 것이다. 이처럼 요셉은 현재의 성공이 영원히 지속되지 않으리라는 것을 예견했는데, 이와 같은 영감을 지닌 리더는 찾아보기 힘들다.

예나 지금이나 하루하루가 불투명하고, 불확실한 것은 사실이다. 이런 상황에서 미래를 예측한다는 것은 엄청난 능력이다. 특히 현대와 같이 시시각각 상황이 급변하고 신기술이 발달하는 시대에는 미래의 트렌드를 예측할 줄 아는 능력은 매우 중요하다. 따라서 미래를 예측하는 능력이 현대 리더들의 필수 덕목으로 부상하고 있다.

또 하나 현대 리더들의 필수 덕목은 소비자와 조직원들의 마음을 읽는 것이다. 표현하지 않고 침묵하는 다수의 마음을 읽어내고, 그들의 필요와 원하는 것에 대해 적절하게 반응하는 태도가 성공의 필수 요소로 대두되고 있다. 어떤 때에는 자기 자신조차 원하는 것이 무엇인지 모르는 상황에서 필요를 찾아내야 하는 경우도 있다.

성경에 기록된 바빌로니아의 왕 느부갓네살이 자기가 꾼 꿈을 잊어버려서 내용도 이야기하지 않은 상태로 그 꿈을 풀이하라고 억지를 부렸던 현상'이 현대에 실제로 재현되고 있는데, 그런 것들을 풀이해 내는 영감 있는 사람들이 위대한 리더가 되는 것이다.

그렇다면 영감이란 무엇인가? 우선 영감이란 말 그대로 '영적인 감각'이라고 할 수 있다. 국어사전에는 '신의 계시를 받은 것 같이 머리에 번득이는 신묘한 생각'이라고 되어 있다. 영적 감각이란 눈에 보이지 않는 추상적인 개념이다. 따라서 과거에는 특별한 종교인들이나 티베트의 신비주의자들, 또는 인도의 명상가 등과 연계시키는 경향이 있었다. 또한 영적인 문제는 종교의 영역으로 치부하여 일반 사회과학에서는 소홀히 여긴 것도 사실이다. 하지만 근래 들어서는 웰빙과 명상의 유행을 타고 서양에서도 관심이 고조되고 있는 추세다. 1998년 세계 보건기구(WHO)에서는 건강에 대해 다음과 같이 정의함으로써 영적인 개념의 중요성을 인정하고 있다.

"건강이란 단순히 질병이나 허약함이 없다는 것만이 아닌 신체적, 정신적, 사회적, 영적으로 완전한 양호함의 상태다(Health is a dynamic state of complete physical, mental, social and spiritual well-being and not merely the absence of disease or infirmity)."

탁월한 리더는 불확실한 미래 상황을 예견함으로써 성공을 이끌어내야 하므로 반드시 영감을 갖추고 있어야 한다. 영감을 계발하는 방법은 각자의 종교나 신념, 성격에 따라 다를 것이므로 여기서 다루는 것은 적절하지 않다고 생각한다. 참고로 요셉의 경우를 살펴보면 그는 신앙의 힘으로 영감을 계발했다. 매사에 하나님을 의지하고, 언제나 하나님과 함께하는 습관을 통해 영감을 얻게 된 것이다.

전에 어떤 교회에서 리더십 컨퍼런스를 개최한 적이 있는데, 그 주제가 '플러그 인 리더십(Plug-in Leadership)'이었다. '플러그 인 리더십'이란 전기기구가 플러그를 통해 전원에 접속되면 지속적으로 전기를 공급받듯이, 리더가 하나님께 접속되면 끊임없이 힘과 영감을 공급받을 수 있다는 개념이다. 반면 상대적 개념으로 '배터리 리더십(Battery Leadership)'이라 정의하고 충전과 방전을 거듭하는 제한된 용량의 리더십이라고 이야기함으로써 기독교인들로부터 많은 공감을 얻은 바 있다.

그것이 종교이든 신념이든 간에 자신이 믿는 것에 '플러그 인' 되어 있다면 지속적으로 영감을 얻게 되지 않을까?

"뿌리 깊은 나무는 바람에 흔들리지 아니하므로, 꽃이 좋고 열매가 많다"는 말처럼, 나무가 시냇가에 뿌리 깊게 심겨 '플러그 인' 되어 있다면 크게 노력하지 않아도 많은 열매를 기대해 봄직하다.

07
비전과 희망을 제시하라

'**비전과** 희망을 주는 리더!'

이 얼마나 멋진 말인가! 요셉은 본인의 재임 기간에는 물론이고, 재임 이후의 수백 년 동안 이스라엘 백성에게 비전과 희망을 주는 리더였다. 그는 리더를 꿈꾸는 많은 자들의 표상이 되었으며, 지금도 낙심과 절망 가운데 있는 사람들에게 비전과 희망을 주는 역전의 리더로 남아 있다. 요셉 이야기를 뮤지컬로 만든 노래 중에 〈어떤 꿈이라도 이루어질 수 있어(Any dream will do)〉라는 노래가 많이 불려지는 것이 이를 증명해 준다.

요셉은 110세에 세상을 떠나면서 남아 있는 형제들에게 다음과 같이 말했다.

"저는 이제 죽지만 하나님께서 분명히 여러분을 돌아보셔서 여러분을 이 땅에서 데리고 나가 아브라함과 이삭과 야곱에게 맹세하신 땅으로 인도하실 것입니다."

요셉은 이집트가 이스라엘 민족의 영원한 곳이 아닌 잠시 머무르는 땅이라는 사실을 이야기하며, 무려 400년 후에나 이루어질 사건을 예언한다. 또한 요셉은 이스라엘 자손들에게 맹세시키면서 말한다.

"하나님께서 분명히 여러분을 돌아보실 것입니다. 그러면 여러분은 제 뼈를 이곳에서 가지고 나가주십시오."

형제들은 요셉이 죽자 향료로 처리해 이집트에서 그를 입관했다. 이스라엘 사람들은 물론 이집트 사람들에게도 요셉의 불우했던 성장 과정과 그가 총리로 임명되기까지의 과정은 온갖 시련과 역경을 극복하고 성공을 이루어낸 모델로 회자되었으리라.

그가 세상을 떠난 후에도 이스라엘 민족은 요셉의 후광 아래 편안하게 살며, 자식을 많이 낳아 크게 번성하고 강대해졌다. 즉 이집트 땅에 이스라엘 자손들이 가득 차게 된 것이다. 그러나 세월이 흘러 이집트에 새로운 왕조가 들어서게 된다. 요셉을 알지 못하는 새 왕조가 이집트를 다스리게 된 것이다. 새 왕은 이스라엘 민족을 경계하여 이집트 백성들에게 말한다.

"보라! 이스라엘 민족이 우리보다 많고 강대하다. 그러니 우리가 그들을 대할 때 지혜롭게 행동하자. 그들이 더 많아져서 전쟁이라도 일어난다면 적들과 연합해 우리를 대적해 싸우고 이 땅에서 떠날 것이다."

결국 그들은 이스라엘을 잠재적인 적으로 간주하고, 감독관을 세워 이스라엘 백성들을 억압하며 중노동을 시켰다. 이스라엘 백성들은 졸지에 노예 신분으로 격하되어 파라오를 위한 곡식 창고로 쓰는 성들을 건축해야 했다. 하지만 그들이 억압하면 할수록 이스라엘 자손은 더욱 번성해 인구가 많아졌다.

그러자 이집트 사람들은 이스라엘 민족을 두려워하며 그들을 더욱 심하게 혹사시켰다. 이집트 사람들은 이스라엘 민족에게 회 반죽과 벽돌 굽기, 온갖 밭일 등 고된 노동을 시킴으로써 그들의 삶을 고달프게 만들었다. 이집트 사람들이 시키는 일은 모두 혹독하기 짝이 없었다. 그것도 모자라 파라오는 이스라엘 백성들에게 "아들을 낳으면 다 나일 강에 던져버리고, 딸이면 살려두라"는 명령을 내리기에 이른다.

나중에 하나님께서 모세를 불러 이스라엘 민족을 이끌고 이집트에서 탈출하라고 명령하셨다.

"내가 진실로 이집트에 있는 내 백성들의 고통을 보았으며, 그들이 감독관 때문에 울부짖는 소리도 들었다. 나는 그들의 고통을 잘 알고 있다. 그래서 내가 내려온 것이다. 내가 그들을 이집트 사람들의 손에서 구해내고, 그 땅에서 그들을 이끌어내어 아름답고 넓은 땅, 젖과 꿀이 흐르는 땅으로 인도할 것이다. 이제 이스라엘 백성들의 울부짖는 소리가 내게 들렸고, 이집트 사람들이 그들을 억압하는 것을 내가 보았다. 그러니 이제 너는 가거라. 내가 너를 파라오에게로 보내 너로 하여금 내 백성 이스라엘 자손을 이집트에서 이끌어내게 할 것이다"

이스라엘 민족의 고통이 얼마나 컸는지 짐작하고도 남음이 있다. 극심한 고통 가운데서도 이스라엘 민족이 좌절하지 않고, 생명력을 유지 할 수 있었던 비결은 무엇이었을까? 무엇이 그들을 이끄는 희망이었을까? 아마도 그것은 요셉의 유언이었을 것이다.

"하나님께서 분명히 여러분을 돌아보셔서 여러분을 이 땅에서 데리고 나가 약속의 땅으로 인도하실 것입니다. 그러면 여러분은 제 뼈를 갖고 나가주십시오."

요셉이 이스라엘 자손들에게 맹세까지 시키며 이집트를 떠날 때 갖고 나가달라는 요셉의 뼈가 그들 가운데 있었다. 요셉이 자신의 뼈를 담보로 예언한 바가 이루어진 것이다.

요즘 사람들은 쉽게 자살을 택한다. 아마도 자신의 상황이 힘들어서 라기 보다는 희망이 없기 때문일 것이다. 하지만 요셉은 수백 년의 걸친 노예 생활에서도 이스라엘 민족을 살리는 희망과 비전을 제시해 주었다.

　결국 이스라엘 민족은 요셉의 예언대로 이집트에서 탈출하여 40년간의 광야 생활과 전쟁을 거쳐 가나안 땅을 정복했고 그의 뼈를 세겜이라는 땅에 묻었다.

4

멘토 **요셉 Ⅲ**
―역경의 씨앗

01
언제나 더 큰 사명이 있음을 기억하라

국내 유수의 보험회사에서 실시하는 제도 중에 SSP(Sales Stimulation Program)라는 것이 있다. 회사 안의 성공 사례(Best Practice)들을 수집, 정리해 최고 수준의 코치들을 통해 각 점포에 보급하고 정착시킨다. 이는 영업 문화를 바꾸고 전체 점포의 생산성을 향상시키려는 제도다. 최고 수준의 코치를 선발하고, 훈련시키는 것이 SSP 제도의 성공 열쇠다. 따라서 회사 내부에서 영업 성과가 가장 우수한 점포장들 중 덕망과 리더십이 있는 사람들을 코치로 선발한다.

SSP 코치들은 회사를 위해 중요한 사명을 수행해야 하므로 개인적으로는 희생도 따르고 피곤하지만, 향후 회사의 중추적인 핵심 인력으로 성장해 나갈 기회를 갖게 된다. 그러기에 회사에서는 코치로 선발된 점포장들과 그 가족에게 CEO 명의로 축하와 함께 업무의 중요성에 따른 기대와 당부 및 향후 비전에 대한 약속 등을 담은 친전을 보내 격려하기도 한다. 그럼에도 불구하고 SSP 코치 당사자들 중에는 코치로 선발된 것에 대한 불평과 불만을 갖는 사람도 있다. SSP 코치로 선발되면 당장 급여가 줄고, 일이 힘들어지기 때문이다. 또한 '나 같은 일개 직원이 어떻게 회사를 바꿀 수 있겠는가? 나 같은 사람이 어떻게 임원이 되고 회사의 핵심 인력이 되겠는가? 그냥 편하게 사는 것이 좋지 괜히 고생만 하고 끝나는 것이 아닌가?'라는 의구심을 갖기도 한다.

경영자의 입장에서 그런 모습을 보면 참으로 안타깝다. 물론 점포장으로서 영업 성과가 좋으면 당연히 성과급이 많아진다. 그러나 SSP 코치가 되면 당장 성과급이 없어지므로 급여가 줄어드는 것은 사실이지만 향후에 승진이 보장된다. 따라서 멀리 내다보면 성과급 정도는 충분히 만회하고도 남는 것이다. 하지만 그 사실을 인식하지 못하는 것이 문제다. 지금 최고경영자의 위치에 있는 사람들도 직원 시절에는 이름 없는 직책에서 열심히 일하여 승진을 거듭한 사람들이라는 사실을 간과하기 때문이다. 조금만 길게 바라보면 충분히 행복하게 생활할 수 있음에도 눈앞의 이익만 좇다 기회를 잃고 마는 것이다.

비슷한 예로 대기업에서 경영자 후보로 선발된 유능한 사람에게 힘든 신규 사업을 맡기거나, 부진한 사업장을 맡겨서 회복시키는 임무를 부여했다고 치자. 만약 그 일을 맡은 사람이 경영자 후보로 선발되어 능력을 검증받는 것이라는 사실을 안다면 기쁜 마음으로 열심히 일할 수 있을 것이다. 그러나 보안상의 이유나 또는 그의 충성심과 인내력을 검증하기 위해서 비밀에 부치고 임무가 맡겨졌다면, 당장 힘든 곳으로 발령받은 것에 대해 실망하거나 불평하다가 탈락하는 경우도 있다. 그런 사람들이야말로 길게 보지 못하여 기회를 놓치는 우를 범하게 된다.

우리는 종종 자신이 가진 잠재력이나 맡겨진 더 큰 사명을 깨닫지 못하고 변화를 거부하며 불평하는 어리석음을 범하기도 한다. 마치 변화와 고통이 두렵다는 이유로 나비가 되기를 거부하는 번데기처럼(실제로 번데기들은 아무런 두려움 없이 주어진 변화에 순응하지만…) 자신의 잠재력이나 사명, 남들의 기대는 지금 하고 있는 일이나, 생각하고 있는 것보다 훨씬 크다. 다만 그것을 모르고 있을 뿐이다.

요셉은 작은 씨족 단위의 가족들 가운데서 연로한 아버지의 편애를 받으며 편안하고 행복한 생활을 하는 것에 만족했을지도 모른다. 그러나 요셉이 그런 생활을 계속 했다면 이름도 없는 이스라엘의 평범한 가장으로 살다가 생을 마쳤을 것이다. 아버지의 편애 때문에 미움과 손가락질 받는 사람으로 살았을 수도 있다. 요셉이 그런 생활에 안주했다면 결코 지금처럼 많은 사람들의 입에 오르내리는 '희망과 역전의 리더'라는 명예를 얻지 못했을 것이다. 이집트를 살린 위대한 총리라는 명예는커녕 오히려 7년간의 대기근 가운데서 굶어 죽어간 많은 사람들 중에 포함되었을 수도 있다.

자신에게 부여된 더 큰 사명에 충실하게 반응해 나갈 때 비로소 내 안에 숨어 있는 잠재력이 계발되고, 궁극적으로 자신의 성공은 물론 모든 사람들에게 꿈과 희망을 주는 멋진 리더가 되는 것이다. 그러므로 생각하지 못했던 어려움이나, 원하지 않았던 변화가 일어난다 해도 결코 불평하거나 원망하거나 포기하지 말아야 한다. 그 대신 자신에게 닥친 어려움과 변화를 통해 새로운 잠재력을 계발하고, 더 큰 사명을 수행하기 위한 준비 과정으로 삼아 기쁜 마음으로 감당해 나가야 한다.

잊지 말자. 나에게는 내가 생각한 것보다 훨씬 더 큰 사명이 준비되어 있고, 그것을 충분히 수행할 잠재력이 있다는 사실을….

02
축복은 때론 고난의 모습으로 다가온다

축복이 자신을 축복이라고 밝히고 다가오면 얼마나 좋을까? 그러면 우리는 그것을 기대하고, 소망하며 환영할 것이다. 그러나 축복은 종종 고난의 모습으로 다가온다. '양의 탈을 쓴 이리'가 아니라 '고난의 탈을 쓴 축복'인 것이다.

중고교 시절에 선생님의 매가 두려워서 억지로 했던 시험공부가 훗날 큰 도움이 된 것을 누구나 경험했을 것이다. 금을 제련하기 위해서는 불에 집어넣어야 하고, 아파트를 재건축하기 위해서는 기존

건물을 부수어야 하듯이 축복을 위해서는 고난을 먼저 통과해야 하는 경우가 대부분이다. 대리석이 불멸의 조각 작품으로 거듭나기 위해서는 쓸모없는 부분을 깎아내는 아픔도 감수해야 한다.

고난은 자신을 돌아보게 하며, 강하게 만들어서 잠재력을 극대화시키는 유익이 있다. 요셉의 경우 그의 고난이 오히려 축복이 되었다. 나는 요셉의 이야기를 읽으면서 다음과 같은 의문들을 갖고 있었다.

"하나님의 도움으로 이집트의 총리가 된 요셉은 어떻게 곧바로 총리 생활에 적응할 수 있었을까?

노예 죄수에서 어느 날 갑자기 총리 신분을 갖게 됨으로써 크게 당황하고 경우에 맞지 않는 행동들을 하지는 않았을까?

그가 이집트 궁중의 복잡한 예절과 법도를 어떻게 알고 지킬 수 있었을까?

강대국을 다스리는 정치적인 기술이나 경제의 원리, 신하들을 통솔하는 리더십은 누구로부터 배웠을까?

처음 만나는 파라오를 비롯한 이집트 관리들과의 좋은 인간관계를 어떻게 만들어나갈 수 있었을까?

이런 것들도 전부 하나님께서 요셉에게 초자연적으로 알려주셨단 말인가?"

물론 그럴 수도 있다. 하지만 그것보다는 요셉이 고난의 과정을 통과하면서 자연스럽게 이 모든 걸 습득했을 것이라는 게 좀 더 설득력 있는 생각이다. 성경에는 요셉이 고난의 과정에서 이런 모든 것을 습득했다고 알려준다.

"요셉이 그의 발은 차꼬로 상하고, 목에는 쇠사슬을 채운 채 노예로 팔려갔지만 하나님의 말씀이 이루어질 때까지 말씀이 그를 연단했다"고 말하고 있다. 즉 그를 크게 사용하기 위한 하나님의 연단 과정이었다.

또한 "요셉이 총리로 임명받은 후에는 파라오가 요셉에게 왕의 집을 관리하고, 모든 재물을 관할하게 했으며, 관료들을 마음대로 교육하고, 원로들에게 지혜를 가르치게 했다"는 기록을 통해 요셉이 총리가 된 후에 이런 것들을 배운 것이 아니라, 총리가 되던 시점에서 이미 경제 원리와 정치 기술은 물론, 지혜도 탁월한 상태였다는 것을 알 수 있다. 어떻게 그럴 수 있었는지 다시 한번 요셉이 겪은 여정을 되짚어보자.

요셉은 노예로 팔려가서 자연스럽게 섬김의 리더십과 인간관계의 중요성을 배웠다. 고난을 통해 자기밖에 모르던 왕자병이 치유된 것이다.

또한 요셉은 경호대장 보디발의 집에서 노예 생활을 하면서 경제 원리를 배울 수 있었다. 현대처럼 민주주의가 발달하고, 감사 기능이 철저한 시대에도 각종 권력형 비리가 적발되고 부정축재와 정경유착 시비가 끊이지 않는 것을 보면 고대 이집트 시대의 경호대장 집에도 많은 사람들이 북적거렸을 것이다. 각종 이권과 청탁 및 줄대기 등의 권력형 비리의 중심지임은 물론, 국가의 개발 정보를 비롯한 수많은 고급 정보와 전세계의 진귀한 물품들, 그리고 출세를 기대하고 전국에서 몰려온 신흥 인재들의 집합 장소였을 것이다. 더 나아가 경호대장에게 잘 보여서 성공하려는 많은 경제인들이 찾아와 각종 정보와 물품을 제공하면서까지 경호대장의 재산을 불려주었을지도 모른다.

요셉은 경호대장 보디발의 집에서 노예로 일하며 당시 최고 수준의 경제 원리들을 얼마든지 배워나갈 수 있었으리라.

지혜롭고 성실한 요셉이 경제 원리를 누구보다도 적극적으로 잘 배웠기에 경호대장은 요셉을 가정 총무에까지 높여주고, 자기 집안일과 모든 재산 관리에 대한 전권을 위임한 것이다. 요셉은 경호대장의 재산 관리를 통해 경제의 흐름과 원리를 습득할 수 있었고, 그 결과 하는 일마다 형통하는 탁월한 성과를 거두었다.

지금도 많은 우수한 청년들이 최고의 경제 원리를 배우려고 많은 돈과 시간을 투자하여 선진국의 유명 대학원 MBA 과정에 유학을 떠난다. 유학 과정에서 그들은 물론 부모들까지도 물질적·정신적·육체적으로 고생을 하지만, 더 나은 미래를 위해 인내하며 투자하는 것이다.

그런 의미에서 볼 때 요셉은 결과적으로 최고의 경제 유학을 떠난 셈이다. 만약 요셉이 큰 꿈을 품고 경제를 배우려고 이집트로 자비 유학을 떠났다 해도 경호대장의 집에서 배운 것보다 더 잘 배울 수 있었을 거라고 단언하기 힘들다.

요셉은 비록 노예의 신분이었지만 당대 최고의 실전 MBA 과정(?)을 우수한 성적으로 통과했기에 총리가 되어서도 이집트의 경제를 잘 관리할 수 있었다.

그렇다면 요셉은 정치 기술과 리더십, 이집트 궁중의 예절 및 법도를 어디에서 배웠을까?

이 질문에 대한 답은 요셉의 또 다른 고난 과정인 감옥 생활에서 찾을 수 있다. 요셉이 무고한 누명을 쓰고 갇힌 곳이 어디였는가? 바로 파라오의 신하들을 가두는 감옥 아니었는가?

성경은 "요셉은 그 감옥에서 간수의 마음에 들어 그곳에 갇힌 모든 신하들과 거기에서 이루어지는 모든 일을 다 맡게 되었다"고 기록하고 있다. 게다가 요셉이 하는 일마다 형통했기에 간수는 요셉이 맡은 모든 것에 대해 조금도 간섭하지 않았다고 하니, 아마도 요셉은 그곳에 갇힌 신하들을 통해 정치적인 기술과 국가를 다스릴 수 있는 리더십을 습득했는지도 모른다.

　감옥에서 죄수들 간에 오고 간 대화 내용은 필연적으로 이집트 궁중에 관한 생생한 이야기들이었을 것이다. 죄수로 갇힌 신하들은 자신들의 억울함과 과거의 영화를 자랑하기 위해서라도 자신이 맡았던 직무에 대한 이야기, 파라오와 신하들에 관한 인물평, 정치권력의 흐름, 이집트 궁중의 구조 등 일반인들은 절대 알 수 없는 비밀스런 이야기까지도 요셉에게 경쟁적으로 털어놓았지 않았을까.

　요셉은 감옥을 거쳐 간 다양한 신하들을 통해 이집트 궁중과 정치에 관한 고급 정보들을 눈 감고도 환할 만큼 잘 알게 되었던 것이다. 어쩌면 요셉은 파라오 앞에 처음 서는 순간부터 당황하기는커녕, 오히려 이미 잘 알고 있는 익숙한 인물을 대하듯 그와의 만남을 속으로 즐기지 않았을까?

　상대방은 나를 모르지만 나는 상대를 잘 알고 있다면 경쟁 우위에 서는 것이 당연하지 않은가. 더욱이 감옥에서 석방된 신하들은 요셉과의 감옥 동기(?)라는 인연 때문에 요셉의 적극적인 협력자가 되었을 가능성도 배제할 수 없다.

　요셉이 무고한 누명을 쓰고 파라오의 신하들이 갇히는 감옥에 가지 않았다면 어떻게 파라오의 꿈을 해석할 기회를 잡으며, 정치에 관한 기술을 얻을 수 있었겠는가?

결국 우리가 당하는 고난 속에는 우리가 깜짝 놀랄 만한 축복이 감추어져 있음을 강조하고 싶다. 그러므로 고난 중에 놓이더라도 좌절하거나 원망하지 말고, 그 고난을 미래의 축복으로 기대하며 배움의 기회로 삼아야 할 것이다.

03
내가 겪는 고난은 남을 살리기 위한 씨앗이다

몇 년 전, 미국 출장 중에 시간을 내어 평소 동경하던 릭 워렌 목사의 새들백교회 예배에 참석한 적이 있다. 예배 중간에 사회봉사 사역으로 '실직자를 위한 재취업 상담 프로그램'과 '마약 중독자를 위한 재활 프로그램' 등에 대한 홍보가 있었는데, 담당자들이 자신이 먼저 그런 경험을 겪은 사람들임을 알고 크게 놀랐다. 새들백교회에서는 먼저 고통을 겪은 사람들이 같은 고통을 겪고 있는 이들을 위해 자발적으로 사회봉사 프로그램을 개발해 운영하고 있다.

내가 당한 아픔과 고통이 나와 같은 아픔과 고통을 받는 다른 사람들을 도울 수 있는 기회로 활용될 수 있다면, 내가 흘린 눈물을 통해 다른 사람들의 눈물을 닦아줄 수 있다면 얼마나 보람있는 일인가.

전에 주일학교 교사를 할 때 매년 여름방학 기간 중 수련회나 캠프를 떠나곤 했다. 교사들이 수련회나 캠프를 준비할 때는 아이들이 거쳐 가게 될 코스를 반드시 사전 답사하는 것이 원칙이다. 극기 훈련과 같이 힘든 과정은 교사들이 먼저 훈련을 받고 조교가 되는 것이다. 훈련의 내용과 강도를 직접 체험해 보고, 아이들이 극기 훈련을 잘 받을 수 있도록 도와주기 위한 것이다. 똑같이 힘든 극기 훈련이라도 교육생으로 받는 것과 남을 지도하는 조교가 되기 위해 먼저 받는 것과는 힘든 느낌의 정도가 다르다.

교육생으로 훈련받을 때는 수동적이기 때문에 힘이 더 들고 불평도 하기 쉽지만, 조교가 되기 위한 훈련은 남들을 지도한다는 목적이 있기에 상대적으로 힘이 덜 들고 보람마저도 느끼는 경우가 많다.

요셉은 자신이 겪는 고난을 개인적인 불행으로 받아들이는 대신 이스라엘 민족을 구원하기 위한 극기 훈련으로 받아들였다. 그렇기 때문에 요셉은 극심한 고난 가운데서도 좌절하지 않고, 오히려 다른 사람들을 배려하는 태도를 길러나갈 수 있었다.

요셉은 이집트의 노예 생활을 하는 중에도 이집트의 농경 기술과 풍요로운 경제, 선진 문물 등을 보면서 고향에 있는 가족들의 가난과 고생하는 모습을 생각했던 것 같다. 요셉은 반드시 성공하여 떠돌아다니는 가족들을 이집트로 초청함으로써 그들에게 편안한 삶을 제공하겠다고 생각했는지도 모른다. 자신의 고난이 가족들을 편하게 할 수 있는 씨앗이 될 것이라고 생각했다는 것이다. 요셉이 갖고 있던 평소 생각이 나중에 총리가 되어 형들을 만났을 때 다음과 같은 말을 할 수 있도록 만들었다.

"형님들이 저를 이곳에 팔았다고 해서 근심하거나 자책하지 마십시오. 이는 하나님께서 생명을 구하시려고 저를 형님들보다 먼저 여기로 보내신 것이기 때문입니다. 이 땅에서 형님들의 자손들을 보존하시고 큰 구원을 베푸셔서 형님들의 목숨을 살리시려고 하나님께서 미리 저를 보내신 것입니다. 그러므로 저를 여기에 보내신 분은 형님들이 아니라 하나님이십니다."

또한 요셉의 노예 생활은 그의 후손들이 겪어야 할 400년간의 노예 생활을 미리 체험한 것인지도 모른다. 그리고 이집트 총리로의 등극은 이스라엘 민족이 결국은 이집트를 탈출하여 약속의 땅으로 들어간다는 승리의 모습을 미리 보여주는 것일 수도 있다. 이스라엘 백성들은 고통스러운 노예 생활 중에서도 요셉의 이야기를 통해 위로를 받고, 희망의 끈을 놓지 않았을 것이다. 자신의 고난을 남을 살리기 위한 씨앗으로 생각하는 요셉의 태도는 성경이 묘사하는 예수님의 모습과 비슷하다.

"그는 사람들에게 멸시를 당하고 버림을 받았을 뿐 아니라 고통을 겪었고, 언제나 병을 앓고 있었다. 사람들이 그를 보고서 얼굴을 가릴 만큼 그는 멸시를 당했으니 우리마저도 그를 무시해 버렸다. 그러나 사실 그가 짊어진 병은 우리의 병이었고, 그가 짊어진 아픔은 우리의 아픔이었다. 그런데도 우리는 그가 맞을 짓을 해서 하나님께서 그를 때리시고, 고난을 주신다고 생각했다. 그러나 사실은 우리의 허물이 그를 찔렀고, 우리의 악함이 그를 짓뭉갰다. 그가 책망을 받아서 우리가 평화를 누리고, 그가 매를 맞아서 우리의 병이 나은 것이다.

우리는 모두 양처럼 길을 잃고 제각각 자기 길로 흩어져 버렸지만 여호와께서는 우리 모두의 죄악을 그에게 지우시고, 그를 공격하셨다. 그는 학대를 받고 괴롭힘을 당했지만 입을 열지 않았다. 마치 도살장으로 끌려가는 어린 양처럼, 마치 털을 깎이는 잠잠한 어미 양처럼 그는 입을 열지 않았다."

04
포기하지 않는 한 끝은 없다

보험 컨설턴트들이 자랑스럽게 생각하는 기록 중에 연속 '2W'라는 것이 있다. '2W'란 매주 최소 두 건 이상의 보험 계약을 연속적으로 체결해 나가는 것을 의미한다. 한 주에 두건 하기도 쉽지 않은 보험 계약을 매주 두 건 이상씩 50주 연속, 100주 또는 200주 연속으로 체결한다는 것은 활동 습관과 판매 기술을 동시에 갖추어야만 가능한 정말로 대단한 일이다.

그래서 보험업계에는 '2W=Success'라는 용어를 쓰고 있다. '2W'를 이루면 성공한다는 것이다. 잘 모르는 사람들은 문자 그대로 매주 '2W'를 해야 성공하는 것으로 오해할 수 있지만, 좀 더 정확한 의미는 '매주 2W를 하려는 목표가 있으면 성공한다'는 뜻이다. '2W'란 실적 자체보다는 활동량을 늘리는 습관을 형성하기 위한 지표이기 때문이다.

실제로 매주 두 건 이상의 보험 계약 체결은 우리 마음대로 되는 것이 아니다. 계약 체결 여부는 전적으로 고객에게 달려 있기 때문이다. 우리 마음대로 할 수 있는 것은 단지 우리의 활동량뿐이다. 마치 농부가 봄에 씨앗을 뿌릴 때 어떤 씨앗에서 어느 정도의 수확을 하게 될지는 모르지만 지금까지의 경험상 뿌린 씨앗 대비 수확량의 비율을 믿고 씨 뿌리는 것처럼, 보험 컨설턴트도 '계약 체결 건수는 활동량에 비례한다'는 '대수의 법칙'을 믿고 활동하는 것이다.

그렇다면 매주 '2W'를 하려는 목표가 있는 사람이 왜 성공하는가? 그것은 목표가 있는 사람은 끝까지 포기하지 않기 때문이다. 목표가 있는 보험 컨설턴트는 주말까지 '2W'를 달성하지 못해도 포기하지 않고 토요일, 일요일은 물론 월요일 새벽에도 고객과의 약속을 만든다. 그리고도 실패하면 그 다음주에는 실패를 반복하지 않기 위해 활동량을 더 늘리고, 판매 기술을 좀 더 연마한다. 목표를 가짐으로써 끝까지 포기하지 않고 활동량을 늘려가며, 판매 기술을 연마하다 보면 자연적으로 성공이 따라오는 것이다.

반면에 '2W' 목표가 없는 사람은 목요일까지만 실적이 없어도 "이번 주도 틀렸나보다. 다음주에나 잘 하자"라고 지레 포기하고 활동을 스스로 멈추기 때문에 실패한다.

지금 외국계 보험회사에서 최고경영층 임원으로 있는 친구가 처음 보험회사에 입사해 영업관리자가 되기 위한 교육을 받을 때의 이야기를 소개 한다. 영업관리자 교육 중에는 컨설턴트들의 경험을 공유하기 위해 3개월간 직접 보험을 판매하는 과정이 있었다. 그는 3개월간 매주 '3W'를 달성했는데, 특히 그 기간 중 부친상을 당했음에도 불구하고 '3W'를 달성하는 의지를 보여주었다. 목표 의식이 남달랐던 그는 보험 영업 첫 달을 시작하면서 매일 1건 이상의 보험 계약을 체결하겠다고 선포하여 주위를 놀라게 했다. 실제로 그는 한 달 가까이 매일 1건 이상의 보험 계약을 체결하여 자신의 약속을 지켜가고 있었다. 그러던 어느 날, 그날은 아무리 고객을 만나서 이야기해도 한 건도 체결하지 못했다. 밤 11시가 넘도록 노력 했으나 허사였다. 실망감 속에서 파김치가 된 그는 무거운 발걸음을 옮겨 신림동의 자기 아파트에 다다랐다. 초인종을 누르며 "나 왔어"라고 말하는 그의 목소리는 힘이 없었다. 그 때 당연히 문을 열어주어야 할 그의 사랑하는 아내가 "오늘도 보험 계약 체결했어?"라고 묻는 것이 아닌가? 짜증스런 목소리로 "오늘은 한 건도 못했어! 빨리 문 열어. 피곤해"라고 대답하는 그에게 아내의 냉정한 소리가 들려왔다. "보험계약을 한 건도 체결하지 못했는데 어떻게 집에 들어오려고 해? 당신은 자신과의 약속을 그렇게 가볍게 생각해? 그래서 어떻게 우리 가족을 보호하겠다는 거야?"라고 말하며 문을 걸어 잠갔다. 다른 사람 같으면 크게 부부싸움이 났을 상황이었으나, 이 친구는 아내의 말이 옳다고 생각했다. 지금 포기한다면 앞으로도 현실과 타협하는 실패자의 삶을 살게 될 수 있다고 생각한 것이다. 그는 아파트 복도에서 밤 12시가 넘어서 만날 수 있는 가까운 지인들을 생각하기 시작했다. 마침 일산에 사는 가까운 친구가 전에 보험 가입을 거절했던 생각이 났다. 그는 곧바로 친구에게 전화를 했다. "친구야. 나 지금 너희 집 앞에 있는데 너무 피곤해서 그냥 가기가 힘들구나. 12시가 넘어서 실례가 되는 것은 알지만 차 한 잔 주면 안되겠니?" 친구는 자려다 말고 마지 못해 허락했다. 그때 신림동에서 일산까지 차를 몰고 간 것이 마치 날아간 것 같았다고 그는 이야기했다. 새벽까지 이어진 권유에 친구는 보험에 가입했고, 그는 의기양양한 마음으로 집으로 돌아왔다. 더욱 놀라운 일은 그 다음의 이야기다. 집에 돌아온 그는 깜짝 놀라고 말았다. 그의 아내가 화장을 새로 한 채 음식을 마련해 놓고 기다리고 있었던 것이다. 그 때 아내와 함께 먹었던 음식 맛은 지금도 잊을 수가 없단다. 그 사건은 그의 목표 의식을 한층 업그레이드 시키는 계기가 되었고, 영업관리자로서 탁월한 성과를 이루어냈다. 한때 그의 말이 회사 내에서 유행한 적이 있다. "진정한 사랑은 어려워서 포기하려 할 때 끌어 안아주는 것이 아니라 내치는 것이다."

운동 경기에서도 역전승의 명수들은 결코 중도에 포기하지 않는다. 아무리 큰 점수차로 지고 있더라도 호시탐탐 역전의 기회를 노리며 최선을 다하는 사람들에게만 역전승이 가능하다. 반면에 약체라고 표현되는 팀들은 처음에는 대등하게 경기를 하다가도 한번 실점하고 나면 급격하게 무너지는 경우가 많다. 그들은 상황이 불리하다 싶으면 쉽사리 포기한다. 포기한 팀이 경기에 이기지 못하는 것은 당연한 일이다.

나는 그 동안 개인의 성공과 실패가 역량의 차이보다는 명확한 목표의 차이에 좌우되는 것을 많이 보아왔다. 명확한 목표 여부에 따라 일의 성공과 실패가 결정되는 것이다. 목표가 명확할수록 업무에 임하는 자세가 더욱 진지해지고, 어려움 속에서도 끝까지 포기하지 않기 때문이리라.

같은 사람이 등산을 해도 그 목표가 뒷동산에 올라가는 경우와 히말라야 산을 올라가는 경우는 애초부터 준비물과 자세 및 어려움을 극복하려는 마음가짐이 달라지게 마련이다.

요셉은 온갖 이해할 수 없는 고난 가운데서도 끝까지 포기하지 않음으로써 이집트의 총리에 오르는 대역전극을 이루어냈다. 요셉이 끝까지 포기하지 않을 수 있던 것은 그의 마음속에 결코 흐려지지 않는 선명한 꿈이 있었기 때문이다.

"언젠가는 해와 달과 11개의 별들이 내게 절을 할 것이다. 언젠가는 나를 팔아버린 형들이 내 앞에 와서 땅에 엎드려 절하며 용서를 구할 것이다. 사랑하는 부모님과 성공한 모습으로 웃으며 만나는 날이 반드시 올 것이다. 하나님은 내 사정을 아시며 나를 사랑하시기 때문에 그 때까지 나를 지켜주실 것이다. 그날이 올 때까지 결코 포기하지 말아야 한다."

그런 꿈이 있었기에 요셉은 고난 중에도 끝까지 포기하지 않았고, 경호대장 아내의 은밀한 유혹에도 흔들리지 않을 수 있었다.

흔히 인생을 풍랑이 이는 바다를 항해하는 것에 비유하곤 한다. 명확한 목표를 가지고 항해하는 배는 파도에 밀려도 끝까지 포기하지 않고 전진하는 반면, 목표가 없는 배는 파도에 따라 이리저리 표류하다가 어느 이름 없는 곳에서 좌초하게 된다. 우리 인생도 마찬가지다. 명확한 목표를 마음에 새기고 포기하지 않으면서 전진하다 보면 최후에 당초 자신이 계획하고 목표했던 것보다 더 많은 것들이 이루어져 있을 것이다.

인생 곳곳에 암초는 도사리고 있다. 그래서 포기를 생각하게 된다. 물론 포기하지 않는다고 꼭 성공이 보장되는 것은 아니지만, 포기하지 않는 사람들에게만 성공 할 수 있는 기회가 주어진다. 지금 당신의 현재가 아무리 힘들더라도 포기하지 않는 한 아직 끝이 아니라는 사실을 명심하라.

05
자신에게 주어진 일에 집중, 또 집중하라

학창 시절에 공부 잘 하는 친구들은 한 가지 공통점이 있다. 학습계획표를 만들어놓고 계획표대로 충실하게 실행하는 모습이다. 그들은 남들이 어떤 과목을 공부하든 관계없이 자신들의 학습계획표에 충실하다. 학습계획표 상에 쉬는 시간이라면 시험이 코 앞에 있거나 남들이 아무리 열심히 공부해도 상관없이 편안하게 쉰다.

반면에 공부를 못하는 친구들은 학습계획표가 없거나, 있다 해도 그것을 믿지 못하고 남들의 공부하는 모습에 따라 우왕좌왕하는 공통점이 있다. 그들은 수학시간에는 영어를 걱정하고, 영어시간에는 과학을 걱정하며 시간을 보내기 일쑤다. 편안하게 쉬는 것도 아니고 그렇다고 공부에 전념하지도 못한 채 걱정만 하며 시간을 보내다 보니 마음만 급하다. 공부한다고 피곤하기만 했지 실상은 효율이 떨어지는 결과만 낼 뿐이다.

직장 생활도 마찬가지다. 성공하는 사람들을 보면 대부분 직위나 업무 내용에 관계없이 현재 하는 일에 충실하다. 그들은 자신들이 궁극적으로 하고 싶은 일이 무엇인지 알고 일에 전념하며, 회사가 자신을 알아주지 않아도 자신의 위치에서 묵묵히 일한다. 그들은 현재 하고 있는 일이 비록 하찮은 것일지라도 열심히 하면 더 좋은 기회가 주어지리라는 낙관적인 생각과 기대를 가지고 있다. 또한 그들은 훌륭한 CEO나 임원이 되려면 그 업종의 기본적인 일, 즉 남들이 말하는 밑바닥 일부터 잘 알아야 한다고 생각하여 배우는 자세로 일한다. 그 과정에서 개선 사항들을 스스로 찾아내 개선해 나가는 사람들이기도 하다.

반면에 실패하는 사람들은 현재 하고 있는 일에 전념하지 못하는 경우가 대부분이다. 그들은 자신들이 좀 더 의미 있고 중요한 일을 해야 하는데, 자신의 가치를 몰라주어서 하찮은 일을 맡겼다고 불평한다. 그들은 자신들이 중요하지 않은 일을 한다고 생각하기 때문에 최선을 다하지 않고, 중요한 일을 하는 운 좋은 사람들을 부러워하며 시간을 보낸다. "만약 나에게 맞는 일만 주어진다면, 내가 하고 싶은 일만 한다면 정말로 최선을 다할 수 있을 터인데…"라고 생각하며 자신들의 불운을 탓하는 것이다.

'매사에 충실해야 한다'는 이야기와 관련해 어린 시절에 선친으로부터 들은 이야기를 소개한다.

옛날 어떤 부잣집에 두 사람의 종이 있었다. 두 사람은 자신이 맡은 일을 충성스럽게 수행하여 주인의 신임을 받고 있었다. 그들이 워낙 믿을 만하고, 일을 잘했기에 주인은 어렵고 중요한 일은 모두 그들에게 맡겼다. 두 사람은 일도 잘 했기에 맡기는 일마다 훌륭하게 수행함으로써 주인의 기대에 부응했다. 두 사람 때문에 주인은 더 큰 부자가 되었다.

주인은 두 사람이 너무 고마워서 좋은 여인들을 골라 가정을 이루어주었다. 주인의 은혜에 감사한 두 사람은 더욱 열심히 일했고, 그 결과 주인은 거부가 될 수 있었다.

주인은 두 사람에 대한 보상으로 그들의 최대의 소원인 자유를 주기로 결정하였다. 내일이면 자유의 몸이 되어 주인집을 떠나게 되는 마지막 날, 주인이 두 사람을 불러서 말했다.

"그 동안 수고했다. 내일 아침이면 가족들을 데리고 떠나서 잘 살기 바란다. 그런데 미안하지만 떠나기 전에 마지막으로 급하게 해야 할 일이 있다. 내가 가는 새끼줄이 필요한 데 여기 있는 짚으로 가능하면 가늘고 길게 꼬아주기 바란다."

떠나기 전날 밤에 명령을 받은 두 사람은 각각 다른 반응을 보였다. 한 사람은 그 동안 잘 보살펴주고, 자유를 준 주인이 마지막으로 시키는 일이니 그의 은혜에 보답하는 마음으로 온 정성을 들여 밤새 최대한 가늘고 길게 새끼를 꼬았다. 그러나 다른 사람은 기분이 좋지 않았다. 별로 중요해 보이지도 않은 일을 마지막 날 밤까지 시키는 것이 불쾌했다.

"영감이 해도 너무 하는군. 그동안 열심히 일해줘서 거부가 되었으면 한 살림이라도 떼어줄 만도 한데, 돈을 주기는커녕 마지막까지 부려먹다니. 새끼줄을 꼬는 것같이 하찮은 일은 아래 것들을 시켜도 충분한데 나를 시킨단 말이지. 내일이면 떠날 터이니 대충 해치우자."

그는 눈가림으로 새끼줄을 굵고 짧게 꼬아 놓고는 일찍 잠을 자버렸다. 이윽고 날이 밝자 주인은 두 사람을 불러놓고 말했다.

"마지막까지 수고해 줘서 고맙다. 내가 너희들을 그냥 보내기가 서운해 돈을 주려고 한다. 여기에 엽전들이 있으니 너희가 꼰 새끼줄에다가 엽전을 마음껏 꿰어서 가져가거라."

평생 열심히 일한 대가가 마지막에 하찮다고 생각했던 일 때문에 엇갈리는 순간이다.

"이 세상에서 가장 중요한 일은 지금 하고 있는 일이다"라는 톨스토이의 말을 생각나게 하는 이야기다.

요셉이 성공한 이유는 그가 중요하다고 생각하는 일이나, 그가 하고 싶은 일을 했기 때문이 아니다. 오히려 요셉은 전혀 중요하지도, 하고 싶지도 않은 일에 최선을 다했기 때문에 성공할 수 있었다. 요셉은 어려서부터 아버지의 심부름에 최선을 다했다. 아버지의 지시였는지는 모르지만 심지어 형들의 잘못을 고자질하는 데에도 최선을 다하다가 노예로 팔려가는 결과를 낳았다. 요셉이 노예로 팔려가서는 현실에 좌절하는 대신 노예 일에 최선을 다했다. 또한 억울한 누명을 쓰고 감옥에 들어갔을 때에도 죄수로서의 일에 최선을 다했다.

요셉이 전혀 중요하지도 않고, 결코 하고 싶지 않은 노예 일에 최선을 다했기에 경호대장이 그를 전폭적으로 신뢰하여 가정 총무로 승진시킨 것이며, 억울한 상황에서도 죄수 일에 최선을 다했기에 간수가 그를 감옥의 책임자로 발탁한 것이다. 만약 요셉이 자신에게 주어진 현재 업무에 최선을 다하지 않았다면 이집트의 총리가 되기는커녕 평생을 노예로 살다가 삶을 마쳤을지도 모른다. 현재 일에 최선을 다하는 요셉의 태도가 우리에게 의미하는 바는 크다.

"작은 일에 충성하는 사람에게 더 많은 일을 맡기겠다"는 이야기처럼 현재 자신에게 맡겨진 작은 일에 최선을 다하는 사람이 성공하게 마련이다. 혹 자신이 해야 할 일이 어떤 것인지 몰라 고민에 빠져 있는 사람이 있다면 '어떤 일을 해야 할지 확신이 서지 않을 때는 현재 하고 있는 일에 최선을 다하라'는 지혜자의 충고를 되새겨보기 바란다.

06
남을 잘되게 하는 것이 진정한 복이다

'사촌이' 땅을 사면 배가 아프다'는 속담이 말해 주듯이 우리 민족은 예로부터 남들이 잘되는 것을 보면 축하해 주기보다는 질투를 하기 쉽다. 아울러 자신을 비하하는 성향이 있는 것 같다. 남이 복권에 당첨되는 행운을 얻거나, 부동산 투자로 큰 돈을 벌었다는 이야기를 듣게 되었을 때 진심으로 축하해 줄 수 있는 사람이 얼마나 될까? 우스갯소리로 '우리 민족은 배가 고픈 것은 참아도 배가 아픈 것은 못 참는다'라는 말도 있지 않은가?

새해를 맞이할 때마다 "새해 복 많이 받으세요"라고 덕담을 하고, 숟가락에까지 '복'이라는 말을 새겨놓을 만큼 복 받기를 소원하면서도 실제로 복 받은 사람들을 질투하는 이유는 무엇일까? 아마도 그것은 복에 대한 개념이 올바르게 정립되지 못했기 때문이 아닌가 생각한다.

대대로 가난과 침략에 시달려온 우리 민족의 여건상 자연히 복의 개념도 '한 개인이 편안하고, 의식주 걱정이 없는 풍족한 상태'를 의미하는 것으로 인식되어 온 것 같다. 복이라는 것이 한 개인에게만 국한된 것으로 인식됨에 따라 복 받은 사람을 축하해 주기보다는, 자신이 복 받지 못한 것에 대한 상대적 박탈감으로 질투와 자기 비하를 하게 되는 것이다.

그렇다면 진정한 의미의 복은 무엇일까?

성경에서는 복을 한 개인에게 국한시키기보다는 오히려 '한 사람이 복을 받음으로써 주위 사람과 민족까지도 함께 복을 받는다'는 '복의 근원' 또는 '축복의 통로'의 개념으로 복을 소개한다.

하나님은 아브라함에게 복을 주시면서 "네가 복의 근원이 될 것이다. 땅의 모든 족속이 너로 인해 복을 받을 것이다" 라고 약속하셨다. 또한 "복이 있는 사람은 시냇가에 심은 나무가 계절에 따라 열매를 맺고 그 잎이 시들지 않는 것처럼 하는 일마다 모두 잘되리라"고 함으로써 복이 있는 사람은 궁극적으로 열매와 무성한 잎을 통해 남들을 기쁘게 해주는 사람임을 간접적으로 말하고 있다. 복이라는 개념을 직접 언급하지는 않지만 "너희는 이 땅의 소금이다. 너희는 세상의 빛이다"라는 말도 결국 다른 사람들을 잘되게 하는 역할을 강조한 것이다. 다른 사람들까지 잘되게 하는 사람들이야말로 진정한 복을 받은 사람들이며, 그런 사람들이 많아질 때 비로소 모든 사람이 복 받은 사람을 축하해 주고 함께 기뻐할 수 있게 된다.

요셉이 복 받은 사람이라는 것은 단순히 그가 이집트의 총리가 되었기 때문만은 아니다. 우리가 요셉을 연구하며 따르고 싶어하는 이유는 그가 자신의 복을 다른 사람들에게 전달해 주었기 때문이다. 그는 경호대장의 집에 복을 불러오는 사람이었으며, 죄수로 감옥에 있을 때에도 감옥에 복을 불러오는 사람이었다.

그가 이집트의 총리가 됨으로써 이집트와 주변 국가들이 극심한 기근에서 살아날 수 있었으며, 요셉으로 인해 파라오의 왕권이 강화되었다. 요셉 때문에 이스라엘 민족이 이집트로 이주하게 되었고, 그가 죽은 후에도 이집트 탈출을 예언한 유언이 이스라엘 백성들의 희망의 근거가 되었으니 요셉이야말로 진정으로 복 받은 사람 아니겠는가?

보험업계에도 '다른 사람들에게 영감을 주고, 복을 나누어주는 리더'라는 평을 듣는 사람이 있어서 그에게 비결을 물어본 적이 있다. 그는 다른 사람에게 영감과 복을 나누어주는 비결을 "누구라도 '역사학자의 기록 정신'과 '과학자의 호기심', 그리고 '유통업자의 가공 능력'을 갈고 닦으면 영감과 복을 주는 사람이 될 수 있다"는 이야기로 대신했다.

그가 많은 성공한 사람들을 연구한 결과에 따르면, 성공은 능력도 중요하지만 '자신감'과 '용기'에 크게 좌우된다고 한다. 어차피 누구나 보이지 않는 미래에 대한 막연한 두려움이 있다. 미래는 정해진 것이 아니라 우리가 만들어가는 것이기 때문에 상대방이 자신감과 용기를 가질 수 있도록 격려와 축복의 말을 해주고, 그것에 대한 논리적인 확신만 제공해 주어도 성공할 확률이 높아진다.

특히 보험업은 일 자체가 어려운 것이 아니라, 실패와 거절에 대한 막연한 두려움 때문에 일에 몰입하지 못하는 경우가 많다. 따라서 그들에게 '성공에 대한 자신감'과 그들이 수긍할 만한 '논리적인 당위성'을 제시해 주는 것이 필요하다.

'역사학자의 기록 정신'에 대해 그는 이렇게 풀이했다.
모든 세상일은 내용만 조금씩 달라질 뿐 반복되는 경향이 있으므로 많은 사람들과의 대화를 통해 모든 성공과 실패 사례에 대한 기록을 하고, 그 사례들의 교훈들을 정리해 놓으라는 것이다. 보험에 대한 사람들의 반응은 대동소이하기 때문에 사례들을 많이 알면 알수록 조금만 변형해도 적용이 가능하다고 한다. 실제로 그는 아침과 저녁으로 보험 컨설턴트들과 대화를 나누며 그들의 성공과 실패 사례들을 계속 수집하고 있었다.

'과학자의 호기심'이란 그렇게 수집한 성공과 실패 사례들을 비교해 가면서 그 가운데 공통되는 법칙이나 연관성이 있는지 여부를 찾아내는 것이다. 다시 말하면 일종의 '성공의 법칙'이나 '실패의 법칙'이 있는가에 대한 가설을 세워서 그것이 다른 사례에도 적용되는가를 알아내는 일이다. 만약 그런 법칙들을 찾아낼 수만 있다면 시행착오를 줄이는 데 많은 도움이 된다.

마지막으로 '유통업자의 가공 능력'이란 그런 사례들을 잘 가공하여 다른 사람들에게 적극적으로 나누어주는 것이다. '성공의 법칙'에 대한 가설을 세우고 연구했기 때문에 그런 데이터가 사람들에게 큰 힘이 되어준다. 더욱이 성공 사례에는 사례를 제공한 사람에 대한 칭찬까지 곁들여져 유통되므로, 스타를 만들어주는 일석이조 효과까지 거둘 수 있다. 그렇게 되면 모든 사람이 승리자 의식을 갖게 되고, 자신의 노하우를 적극적으로 나누어주는 이른바 '뷔페 문화'가 이루어져 복이 나누어 질 수 있다는 이야기다.

그는 이 같은 논리를 가지고 실행함으로써 자신도 모르는 사이에 다른 사람들에게 복을 나누어주는 희망과 역전의 리더가 되었다.

훌륭한 리더가 되기를 꿈꾸는 사람들은 '진정한 복이란 자신만 잘 살고 편안한 것이 아니라, 다른 사람들을 잘되게 하는 것'임을 명심하기 바란다. 그리고 모두로부터 사랑과 존경을 받는 '복의 근원', '축복의 통로'가 되어야 할 것이다

07
사랑과 존경을 받는 리더가 되라

세상에는 수많은 리더가 있어 왔고, 지금도 많은 리더들이 있으며, 앞으로도 새로운 리더들이 많이 등장할 것이다. 한 보험회사 퇴직 임원들의 모임에서 신입회원 환영식이 있어 참석한 적이 있는데, 그 모임 회장님의 인사말이 인상적이었다.

"우리가 초등학교에서 부르던 노래 중에 '냇물이 흘러가서 바다에서 다시 만난다'라는 가사가 있습니다. 그 가사처럼 우리가 회사에 근무할 때는 각기 사장, 부사장, 전무, 상무 또는 상무보였지만, 결국 언젠가는 모두 회사를 퇴직하여 이곳 모임에서 만나게 되었습니다. 모두들 회사를 위해 젊음까지 바쳐가며 일하다가 이제 현역에서 물러나 함께 세월을 보내는 동지들이 되었으니, 혹 회사에 근무할 당시의 직위나 상하 관계, 서운했던 것들은 다 잊어버리고 서로 의지하고 도와주며 마음속으로나마 후배들이 회사를 잘 이끌어나가도록 후원합시다."

그러고 보니 현직 시절에는 호랑이같이 무서워서 감히 접근하기 어렵던 상사들이 어느새 나이 든 순한 동네 형님의 모습으로 바뀌어 있었다.

그렇다. 우리는 리더의 기간이 평생 갈 것처럼 생각하지만, 어떤 권력도 10년을 가지 못한다.

'아름다운 꽃도 10일 동안 빛깔을 유지하지 못한다'라는 선인들의 말처럼 언젠가는 리더 자리에서 물러나 역사와 후세의 평가를 받게 될 것이다. 독재자나 부도덕한 관리자라도 그들의 재임 기간 중에는 드러나지 않지만 그들이 물러난 뒤에는 조직이 와해되고 비난과 증오를 받게 되는 사례를 우리는 많이 보아왔다. 오직 자신들의 성과를 위해 조직원들을 억압하고, 희생시키며, 소진시키는 리더들은 리더라기보다는 감독관이라고 불러야 옳다. 조직원들이 일의 의미와 보람을 느끼지 못하며, 오직 성과만을 위해 관리를 받는다면, 단기적인 성과는 거둘 수 있을지 몰라도 희망 없이 하루하루를 연명하는 사람들과 다를 바 없다.

진정한 리더는 조직원들로부터 사랑과 존경을 받아야 한다. 그런 의미에서 볼 때 요셉의 리더십이 돋보인다. 요셉은 리더로 재직할 때는 물론, 퇴임 후에도 이집트인들로부터 평생 사랑과 존경을 받았다. 그가 죽은 후 몇 백년이 지나 이집트 탈출시에도 이스라엘 백성들은 그의 유언을 존중하여 요셉의 뼈를 들고 나와 가나안 땅에 묻어준다. 이스라엘 백성들의 요셉에 대한 사랑과 존경이 얼마나 컸는가를 증명해 주는 사건이다. 더욱이 그는 수천 년이 지난 지금도 희망과 역전의 리더로 사랑과 존경을 받고 있다.

그렇다면 요셉은 어떻게 변함없는 사랑과 존경을 받을 수 있게 되었는가?

요셉이 변함없는 존경과 뜨거운 사랑을 받을 수 있었던 것은 그가 끝까지 사람들을 사랑했기 때문이다.

앞에서도 강조했듯이 그는 사람들로부터 끊임없이 증오와 멸시를 받았다. 그럼에도 그는 다른 수많은 리더들과는 달리 실수를 하거나, 남을 미워한 기록이 없다. 아브라함이나 모세, 다윗 왕 등 위대한 리더들조차 인간적인 감정이나 개인적인 욕심으로 커다란 실수를 범했지만, 요셉은 오랜 고난 속에서도 실수를 하지 않았다. 사람들은 요셉을 증오하고 핍박했다. 그러나 그는 사람들을 끝까지 사랑했다.

나는 성경에서 사랑을 묘사한 글을 보며 '어쩌면 이렇게 요셉의 리더십과 똑같은가!' 하고 놀랐다. 여러분들이 노래로도 즐겨 부르는 내용이다.

"사랑은 오래 참고, 친절하며, 사랑은 시기하지 않으며, 자랑하지 않으며, 교만하지 않으며, 무례하지 않으며, 자기 유익을 구하지 않으며, 성내지 않으며, 원한을 품지 않으며, 불의를 기뻐하지 않으며, 진리와 함께 기뻐하고, 모든 것을 덮어 주고, 모든 것을 믿으며, 모든 것을 바라고, 모든 것을 견딥니다. 사랑은 결코 없어지지 않습니다."

사랑이란 말을 요셉으로 바꾸어도 너무 자연스럽지 아니한가?

그렇다면 요셉은 인간의 감정도 없는 신적인 존재란 말인가? 요셉은 바보 같은 사람이라서 원수들이 밉지 않았다는 말인가? 그는 근본적으로 우리와는 다른 특별한 인물이란 말인가?

나는 그런 의문을 가지고 요셉의 기록을 살펴보았다. 그리고 다음과 같은 해답을 찾을 수 있었다.

"요셉은 하나님에 대한 믿음이 있었기에 미움 대신 사랑을 선택했던 것이다."

사랑은 선택이고, 하나님에 대한 믿음이 사랑의 근거다.

요셉은 경호대장 아내의 유혹에도 "하나님께 죄를 지을 수 없다"고 말했고, 감옥의 두 신하와 파라오의 꿈을 풀이할 때에도 "하나님께서 풀이하신다"라고 말했으며, 형제들을 만났을 때에도 "하나님께서 가족들의 생명을 구하시려고 미리 보내신 것이다"라고 말했다. 또한 야곱이 죽은 후에 형들이 복수를 두려워할 때에도 "제가 하나님을 대신하겠습니까? 형님들은 저를 해치려고 악을 꾀했지만, 하나님은 지금 보시는 것처럼 그것을 선하게 바꾸셔서 오늘날 많은 사람들의 생명을 구하셨습니다"라고 말하는 등 모든 것을 하나님께 돌린다. 인간적인 감정으로는 사람들을 사랑할 수 없지만 하나님에 대한 믿음으로 모든 것을 사랑하게 되는 것이다.

요셉의 믿음을 표현해 주는 성경 말씀이 있다.

"믿음이 없이는 하나님을 기쁘게 할 수 없습니다. 그러므로 하나님께 나아가는 사람은 하나님이 계신 것과 하나님은 그분을 간절히 찾는 사람들에게 상 주시는 분임을 믿어야 합니다."

사람들은 억울한 일을 당할 때면 "하늘이 두렵지 않느냐"며 절규한다. 하나님을 믿는 사람이든, 믿지 않는 사람이든 간에 하나님이 없는 세상은 너무 각박하며, 힘이 있는 사람에 의해 모든 것이 결정되는 불합리한 세상이라고 생각하는 것이다. 사람은 그렇지 않지만 하나님께서는 반드시 올바르게 판단해 주실 것이라는 기대를 갖는 것이다.

리더들은 물론, 리더를 꿈꾸는 사람들은 하나님이 계신 것을 믿어야 한다. 자신의 억울함을 알아주고, 자신의 잘못을 눈감지 않는 세밀하면서도 공정한 하나님의 존재를 믿는다면 우리도 요셉처럼 모든 것을 사랑할 수 있게 된다.

　요셉이 존경받는 리더가 될 수 있었던 것은 그가 많은 사람들을 살리고, 그들의 인생관을 바꾸어 주며, 역전의 희망을 주는 멘토가 되었기 때문이다. 요셉은 단기간에 급부상했다가 짧은 기간 동안 찬란한 업적을 남기고 사라진 리더가 아니었다. 또한 위대한 업적을 남기기 위해 다른 사람들을 희생시킨 리더도 아니었다. 그는 오랜 기간 동안 고난을 받으면서 자신을 갈고 닦아 리더가 되었고, 리더가 되어서는 자신의 이익보다 세상 사람들을 살리는 일에 전념했다.

　그는 처음과 끝이 한결 같아서 삶 자체만으로도 사람들의 멘토가 될 수 있었다. 자신의 성과에 치중하여 사람들을 이용하고 소진시키는 리더가 아니라, 사람들에게 인생의 가치가 무엇이고, 일의 진정한 의미가 무엇이며, 어떻게 사는 것이 성공하는 삶인지를 가르쳐주었다.

　그런 리더를 만날 수만 있다면 그와 함께 일하는 것 자체만으로도 행복하고, 일의 본질을 깨닫게 됨으로 스스로 발전하게 되며, 리더가 떠난 후에도 계속 성공적인 삶을 살 수 있을 것이다. 그런 사람을 존경하지 않을 사람이 어디 있겠는가? '극심한 리더 기근'의 세상에서 요셉과 같이 진정으로 사랑하고 존경할 만한 리더의 출현을 기대해 본다. 하나님께서는 지금도 진정한 리더들에게 다음과 같이 약속하고 계신다.

"너는 마치 물 댄 동산 같고, 물이 끊어지지 않는 샘 같을 것이다. 네 자녀들이 옛 폐허를 재건하고, 대대로 버려진 기초를 세울 것이다. 사람들이 너를 '부서진 성벽을 다시 세우는 사람', '거리를 사람 살도록 만든 장본인'이라고 부를 것이다."

• 에필로그

바로 당신이 요셉이다

"요셉은 열매가 많은 나뭇가지, 곧 샘 곁의 열매 많은 나뭇가지다. 그 가지가 담을 넘는다. 활 쏘는 사람들이 그를 맹렬히 공격하며 활을 쏘고 그에게 원한을 품어도 그의 활은 팽팽하고, 그의 강한 팔은 야곱의 힘있는 사람의 손에, 곧 이스라엘의 반석이신 목자의 이름으로 민첩하게 움직인다.

네 아버지 하나님께서 너를 도우시고, 전능하신 분께서 위로 하늘의 복과 저 아래 놓여 있는 깊은 곳의 복과 젖과 모태의 복으로 너에게 복 주실 것이다. 네 아버지의 복은 영원한 산들의 복과 장구한 언덕들의 복을 넘어섰다. 이 복이 요셉의 머리, 곧 자기 형제들에게서 뛰어난 사람의 이마에 있을 것이다.

야곱이 임종을 앞두고 요셉에게 축복한 내용이다. 이는 우리가 지금까지 살펴본 요셉의 인생을 함축적으로 설명한 야곱의 증언이기도 하다. 요셉은 어린 시절 자신의 형들에 의해 노예로 팔려가는 아픔을 맛보았다. 좌절을 딛고 노예로서 최선을 다해 경호대장의 가정 총무가 되었지만, 또다시 주인 여자의 유혹을 거절함으로써 기약 없는 감옥 생활을 해야 했다. 감옥에서 만난 파라오의 술 맡은 관원장의 꿈을 해석해 주고 석방의 약속을 얻어 희망에 부풀었지만 2년간이나 응답을 받지 못했다. 이처럼 요셉은 활 쏘는 적들이 맹렬히 공격하는 것처럼 환경적으로 끊임없이 고난을 당하며 실패와 좌절의 위기에 봉착했다. 그러나 결코 포기하지 않고 오히려 그런 위기를 역전극의 기회로 바꾸어버렸다. 고난을 참아내고 역전의 희망을 불태움으로써 마침내 승리할 수 있었던 것이다.

그는 사람들로부터는 원한이 담긴 공격을 받았지만, 좌절하지 않고 더욱 하나님을 의지함으로써 결과적으로 누구보다 복을 받은 뛰어난 리더가 되었다. 무엇보다도 그는 넘치는 복을 자신만 누리지 않았다. 마치 샘 곁의 열매 많은 나뭇가지가 담을 넘어서 누구라도 따 먹고 배부를 수 있는 것처럼 남들까지 잘되게 하는 삶을 살았다. 자신을 팔았던 형들과 그들의 가족, 자신을 노예로 부려먹고 죄수의 누명을 씌어 감옥에 가두었던 이집트 사람들, 더 나아가 자신과는 상관도 없는 주위 민족들까지 요셉의 지혜로운 통치로 복된 삶을 누릴 수 있었다.

어쩌면 당신이 이 시대의 숨겨진 요셉인지도 모른다. 혹 당신이 지금 요셉처럼 가까운 사람들로부터 배신을 당해 노예와 같은 비참한 상황에 놓여 있지는 않은가? 타락한 사회에서 혼자 양심을 지키다가 축복은커녕 끔찍한 낭패를 당하고 있지는 않은가? 곧 손에 잡힐 것 같이 확실하던 희망이 자꾸 무산되어 몸과 마음이 탈진 직전에 있지는 않은가? 도무지 역전의 희망이 보이지 않는 답답한 상황에서 포기하려고 고민하지는 않은가?

만약 그렇더라도 결코 포기하지 말라. 요셉의 이야기를 기억하여 꿈을 잃지 말고, 조금만 더 견디면서 자신을 다듬어나가라. 적절한 때에 반드시 드라마틱한 역전극을 통해 당신이 위대한 리더로 우뚝 서게 될 것이다. 혹시 그 날이 내일인지 누가 알겠는가?

당신은 요셉과 전혀 다른 평범한 사람이라고 생각하고 있지 않은가? 당신이 그렇게 생각하는 것이 당연하다. 이스라엘을 이집트에서 탈출시킨 위대한 리더 모세조차도 자신이 그런 지도자인 줄 몰랐다. 모세가 리더로 부름을 받았을 때 그는 크게 당황했다.

"제가 도대체 누구라고 파라오에게 간다는 말씀이십니까? 제가 이스라엘 백성들을 이집트에서 이끌어낸다는 말씀이십니까? 저는 말을 잘하는 사람이 아닙니다. 예전에도 그랬고, 주께서 주의 종에게 말씀하신 후에도 그렇습니다. 저는 말이 어눌하고, 혀도 둔합니다. 여호와여, 간구합니다. 그 일을 할 만한 다른 사람을 보내십시오."

모세는 하나님의 부르심을 들으면서도 몇 번씩이나 자신은 능력 없는 평범한 사람에 불과하다고 항변했다. 오죽 답답하면 하나님이 진노하면서까지 모세를 설득하셨겠는가?

지금까지 희망과 역전의 리더 요셉에 대해 살펴보았다. 활 쏘는 사람들이 맹렬히 활을 쏘며 공격하고 그에게 원한을 품었지만, 끝까지 좌절하지 않음으로써 결국 샘 곁의 열매 많은 나뭇가지와 같은 복을 받은 사람. 자신의 풍성한 복을 혼자만 누리지 않고 담장 너머 모든 사람에게 아낌없이 나누어준 사람. 부디 이 나라에 요셉과 같은 희망과 역전의 리더가 많이 나와서 그들의 풍성한 열매를 통해 모든 사람이 잘되고 복 받는 사회가 되기를 소망한다.